GUSTAVE RAMON

(DE LA SOCIÉTÉ DES ANTIQUAIRES DE PICARDIE)

COUTUMES

ORDONNANCES

ET USAGES LOCAUX

DE LA VILLE DE PÉRONNE

AVANT 1789

PÉRONNE

QUENTIN, IMPRIMEUR

1879-1880

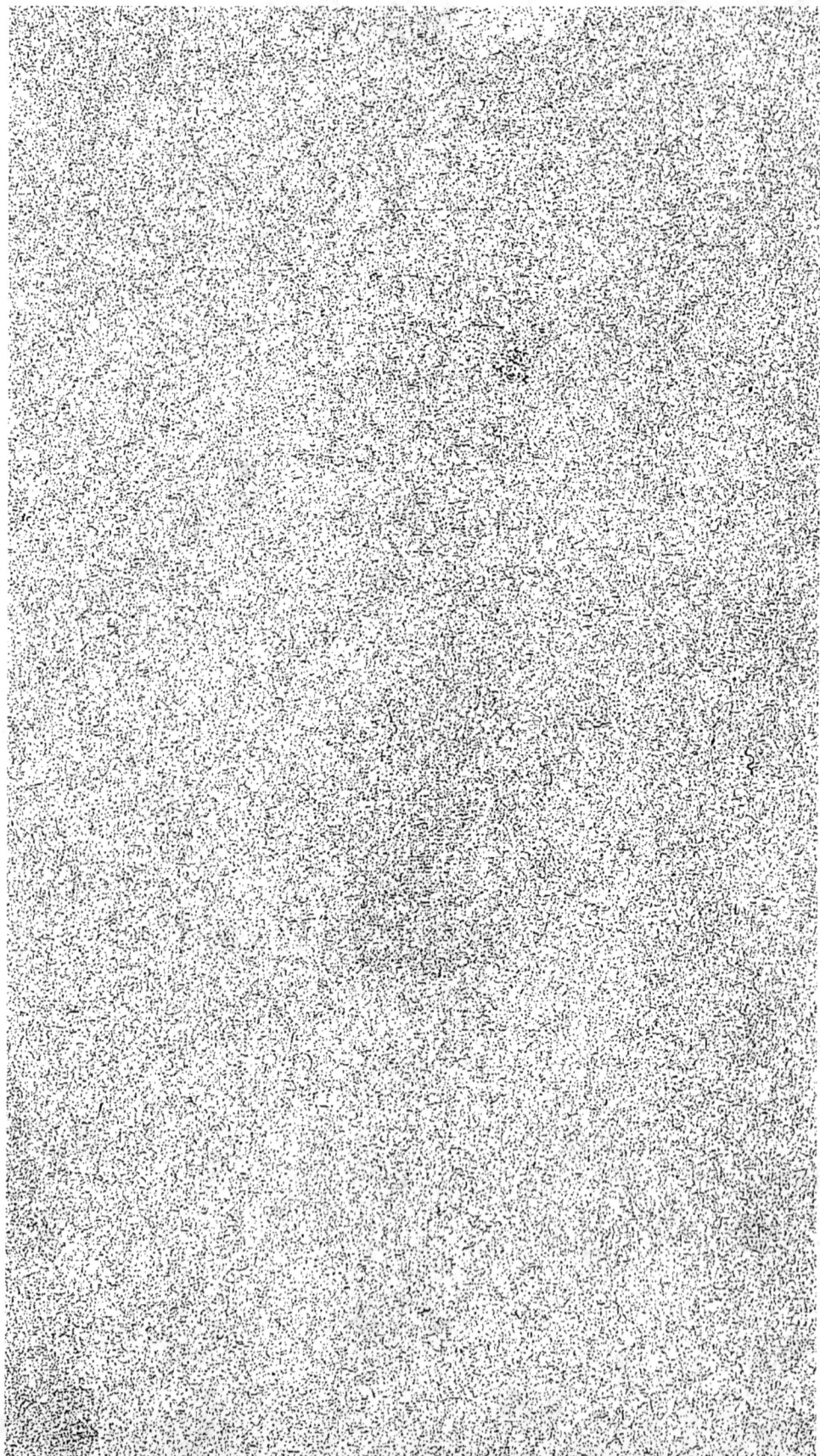

COUTUMES

ORDONNANCES ET USAGES LOCAUX

DE LA VILLE DE PÉRONNE

AVANT 1789

RÈGLEMENTS DE POLICE

ET DE JUSTICE MUNICIPALE

J. QUENTIN, IMPRIMEUR, PÉRONNE

—

1879

AVANT-PROPOS

*Notre but, en éditant pour la première fois
les chartes, coutumes et usages locaux de la
ville de Péronne, est de sauver de l'oubli ses
règlements de police intérieure et de justice
municipale, en laissant de côté le droit pure-
ment civil, codifié dans le Coutumier de Picardie,
aujourd'hui sans intérêt depuis la confection de
nos lois modernes, et qu'une sommaire analyse
fera suffisamment connaître.*

*L'exemplaire que nous possédons, imprimé
en 1726 (2 vol. in-f°, chez Gosselin et Cie, édi-
teurs à Paris), renferme notamment les coutumes
d'Amiens, du Ponthieu, de Péronne, Montdidier
et Roye, de Montreuil-sur-Mer et du Boulonnais,
accompagnées des commentaires de divers juris-
consultes picards.*

*C'est dans le tome 1er que se trouvent les
coutumes communes aux trois bailliages de
Péronne, Montdidier et Roye, — réunis sous un
même gouverneur et grand bailli d'épée, — avec
le premier commentaire de Me Claude Le Caron,
ancien avocat au Parlement de Paris et au
siège de Montdidier, et la glose plus récente de
Me Jean de la Villette, seigneur de Belfay, prévôt
royal, juge ordinaire, civil et criminel de la
ville et prévôté de Montdidier, publiée par les*

1

soins de messire de Bertin, lieutenant général au bailliage de la même ville, son petit-fils, et de M° Rousselet, ancien avocat au Parlement.

Ces coutumes, dont l'édition princeps sur parchemin, imprimée en 1569, figure à la place d'honneur sur les rayons de la bibliothèque de la ville de Péronne, comprennent onze titres, subdivisés en 273 articles, et traitent des matières suivantes : 1. Des droits appartenant aux hauts, moyens et bas justiciers. — 2. Des fiefs. — 3. Des censives. — 4. Des donations. — 5. Des droits appartenant à gens mariez. — 6. Des douaires. — 7. Des testaments. — 8. Des successions. — 9. Des baillistres et garde-nobles. — 10. Des retraits. — 11. Des rentes et hypothèques, nantissemens, dessaisines et saisines.

Ce corpus juris, enregistré au Parlement de Paris le mardi 16 août 1569, est suivi du procès-verbal dressé les 15-19 septembre 1567 (1), par Mes Christophe de Thou, chevalier, conseiller du Roi en son conseil privé, premier président en sa cour de Parlement, Barthélemy Faye et Jacques Viole, conseillers en la même cour, commissaires chargés par l'édit du roi Charles IX, en date à Moulins du 10 février 1566, de recueillir les documents épars, et de transformer en un texte officiel, ayant force de loi, les témoignages oraux et écrits, relatifs à l'ancien droit particulier du Santerre et de partie du Vermandois, avec la liste des villes, bourgs,

---

(1) Le roi Charles IX passa à Péronne le 20 août de la même année. (Ms. Dehaussy).

villages et hameaux ressortissant aux bailliages
de Péronne, Montdidier et Roye, régis par ces
coutumes (1).

Les droits acquis antérieurement à la confec-
fection de ce code furent respectés, ainsi que le
constate le procès-verbal : « N'entendons par
cette rédaction de Coutumes préjudicier à plu-
siers droits de justice, feudalité, censive, rentes
et amendes, quand le cas y échet, travers, pes-
cherie, mesurage, tonnelieu, quevage (2), cham-
part, herbage, dixmage, terrage, forage, afforage,
pontenage (3), rouage, de confiscations, d'au-
beine, forfaiture, fours bannaux, et autres...
dont ils (les seigneurs haut justiciers et cen-
suels) se trouveront avoir titres particuliers et
possessions immémoriales... »

La ville de Péronne conserva donc ses droits
de haute, moyenne et basse justice jusqu'en 1789.
Il n'est pas inutile, pour connaître exactement
la nature de ce privilége féodal, souvent cité
par la coutume locale, de reproduire ici ce qu'en
dit M⁰ Le Caron dans son Commentaire, au n° 11
sous l'article 1ᵉʳ : « Trois sortes et espèces de
justice, haute, moyenne et basse. La haute,

(1) Voir un extrait de ce procès-verbal et la liste dont
s'agit dans les Essais sur Péronne, par l'abbé de Sachy, pp.
196 et suivantes.

(2) Chevage, en picard quevage, de chevagium, chef-cens
ou capitalis census. Droit de douze deniers parisis prélevé sur
chaque chef marié qui est bâtard ou aubain.
                                    (De la Villette).

(3) Pontenage, droit qui se prenait sur les marchandises
in transitu pontis.   (Id.)

pour les crimes, lorsqu'il y avoit homicide,
blessures énormes, amputation de membre, effu-
sion de sang, La moyenne, pour des crimes
légers, qui ne vont qu'à des amendes pécuniaires,
les inventaires, actions de tutelle et ce qui en
dépend. La basse, c'est pour le paiement des
censives, droits seigneuriaux... »

Le Commentaire de Me Jean de la Villette est
précédé d'un « discours particulier, » écrit en
un style diffus et incorrect, et dans lequel, après
un court aperçu juridique sur le droit coutumier
en général, il retrace à grands traits l'historique
des villes de Péronne, Montdidier et Roye. Nous
donnons ci-après sa notice sur Péronne, émaillée
d'assez nombreuses inexactitudes, il est vrai,
mais très curieuse en somme et remarquable
surtout en ce qu'elle est le premier document
imprimé que nous connaissions sur le passé de
notre ville. L'auteur ne dit pas à quelle époque
il écrivait ce travail ; mais nous savons d'abord
que l'édition de 1726 a été publiée par les soins
du petit-fils de Me Jean de la Villette ; en outre,
ce dernier, au cours de sa narration, avance
que l'échevinage de Péronne comptait alors douze
membres, et nous savons qu'une ordonnance
rendue le 4 décembre 1674, à Saint-Germain-en-
Laye, par Louis XIV en son conseil d'Etat, réduisit à sept le nombre de ces échevins que la
charte du roi Henri II, donnée à Villers-Cotterêts
le 14 mars 1558, avait fixé à douze, au lieu des
quinze élus « de toute ancienneté. » Il est donc
certain que cet abrégé de notre histoire est au

moins contemporain du commencement du règne de Louis le Grand.

Après l'opuscule du vieux juriste montdidé-rien, le lecteur trouvera la Coutume locale de la ville de Péronne, *fondée sur la tradition et consignée par écrit, comme celle d'Amiens, en l'an 1507, pour remplacer les* parlouërs aux bourgeois *et les* enquestes par turbes, *d'après les ordres de Louis XII, (Messire Jean Roussel, seigneur de Marquaix, étant capitaine et gouverneur de Péronne) afin de fixer* ne varietur *l'usage suivi depuis longtemps dans la commune, et que consulteront encore avec profit les rédacteurs de 1567. Viennent ensuite les Ordonnances publiées chaque année à Péronne, le jour des bans, c'est-à-dire le dimanche qui suivait les élections municipales du 24 juin; le texte latin de la charte de Philippe-Auguste et des modifications du roi Charles V avec leur traduction en ancien langage; enfin diverses autres lettres patentes, qui constituèrent, avec les documents qui précèdent, « le vray droict escript et droict civil » de Péronne, pendant plusieurs siècles, —* jus civitatis proprium.

GUSTAVE RAMON.

POST-SCRIPTUM

L'édition *princeps* des Coutumes de Péronne, Montdidier et Roye, dont il est question dans l'Avant-Propos qui précède, a été offerte à sa ville natale par M. François de Paule Larcher, propriétaire à Péronne. Une délibération du conseil municipal, du 4 août 1860 (M. Alexandre Villemant étant maire), perpétua le souvenir de cet hommage généreux. C'est un volume in-4°, richement imprimé à Paris, sur vélin, avec vignettes et capitales coloriées, portant le millésime de 1569, et comprenant 70 feuillets ; exemplaire de luxe, *vraisemblablement unique*, dont l'éditeur était « Jehan Dallier, libraire, demeurant sur le pont Sainct-Michel, à l'enseigne de la *Rose Blanche*. » Sur la couverture du livre se trouvent les armes de la famille Larcher : *de gueules à trois barres d'argent chargées chacune d'une flèche de sable la pointe en haut*, répétées sur la garde intérieure avec une mention de 1761, constatant que cet ouvrage faisait alors partie de la bibliothèque de l'aïeul du donateur, Me Claude Thomas Larcher, conseiller du roi au bailliage de Péronne, qui fut mayeur de cette ville en 1786-1787.

G. R.

NOTICE HISTORIQUE

SUR LA VILLE DE PÉRONNE

Par Me Jean de la Villette

(XVIIe SIÈCLE)

———

Remarquez que le gouvernement de Péronne, Montdidier et Roye est le premier et le plus considérable de ceux de la Picardie, après le gouvernement général, et que le seigneur de Valançay ayant en qualité de gouverneur de Calais, à l'entrée que fit M. le connestable de Lesdiguières en 1623, dans la Picardie, voulu en l'absence du gouverneur de la province disputer la droite au sieur de Blérencourt, lors notre gouverneur, il avoit été enfin contraint de le céder par l'avis dudit seigneur de Lesdiguières.

PÉRONNE

Etoit autrefois le palais des comtes de Vermandois, si nous en croyons à l'Auteur de l'Epître latine mise au frontispice de l'ancienne édition de cette Coutume; et

certes ces personnes pouvoient bien s'y
plaire, puisque les habitans se sont de
tout tems signalez, tant par leur piété que
par leur courage

Et c'est que quoiqu'elle soit petite, elle
a cinq églises paroissiales, toutes d'un
revenu considérable, desservies pour la
pluspart par ecclésiastiques et quatre
enfants de chœurs, dont les cures sont
d'un bon revenu, outre quoi il y a l'église
des Chanoines de Saint Furci, patron de la
Ville, qui est d'une belle structure et fort
exaucée, en laquelle il y a doyen, chantre,
trésorier et théologal, à la collation du
chapître, plus 28 à 30 prébendes à la
nomination du Roy, 18 à 20 chapelles et
celle du chanoine étant en semaine à
faire l'office, et quatre autres chapelles
curiales, dont les titulaires s'appellent
chapelains curez; d'autant qu'en cette
église, il y a une grande chapelle érigée
en paroisse, outre les cinq autres, à laquelle toutes personnes demeurant ès
maisons des chanoines sont sujettes, aussi
bien que les commandans, officiers et
soldats demeurans dans le château de
Péronne, le lieutenant général, le procureur du roy, et sergens royaux de la
justice ordinaire, et tous les nobles mêmes
demeurans dans l'étenduë des autres
paroisses.

Il y a encore l'Hôtel-Dieu doté de 3 à 4,000 livres de rente, avec l'hôpital de Saint-Lazare qui a autant de revenu, servant à y retirer les vieillards de l'un et de l'autre sexe impuissans de gagner leur vie, outre quatre maisons religieuses, celle des Cordeliers que l'on dit avoir été construite dès le vivant de Saint François, celle des Minimes fondée par les seigneurs de Créqui, et augmentée tant en bâtimens que revenu par la demoiselle Aubé veuve du sieur Roussel, lieutenant particulier; celle des Capucins et Filles de Sainte-Claire, sans parler d'un beau Collége où il y a encore une chapelle, dont le principal tient une prébende, qui lui donne les mêmes honneurs et droits qu'ont les chanoines de Saint Furcy.

Les habitans de cette ville ont donné des témoignages si éclatants de leur courage, en ce fameux siége qu'ils soutinrent en l'an 1536, animez de la valeur de ces braves Picards les seigneurs Destormel, de Sesseval et de Cercus, qui s'étoient jettez dans leur place, que l'envie même ne leur voudroit ôter les titres d'honneur, puisqu'en effet par l'histoire de ce tems rapportée par Du Bellay en ses mémoires, il se voit que tous les hommes et femmes firent si bien leur devoir à réparer les brèches, qu'ils obligèrent les ennemis à

lever le siége. Pourquoi le roy François
1er leur a accordé l'exemption du droit
de ban, francs-fiefs, et autres semblables,
avec pouvoir de porter le P couronné au
milieu de trois fleurs de lys; mais pourtant, quoiqu'on la surnomme Pucelle,
j'estime que c'est à cause de sa pureté à
l'endroit des ennemis du Saint-Siége, de
l'infection desquels elle a été préservée,
pendant que tous ses voisins en étoient
infectez; puisque nous apprenons par les
anciennes chroniques, que Péronne et
Saint-Quentin ont été pris par Baudouin
en l'an 898.

L'on apprend par les vieux légendaires,
qu'un nommé Hercenard, un des plus
riches seigneurs de la Picardie, avoit fait
bâtir l'église de Saint-Furcy vers l'an
655 du tems du roy Clovis, et qu'il la fît
dédier sous le nom de ce Saint, après que
son corps y fut déposé; l'on voit aussi par
un fragment d'histoire qui nous reste de
Frédégarius Scolasticus, qu'il faloit que
dès l'an 889 Péronne fût une place considérable, puisque au bruit de la descente
de l'armée de Pépin, *ad beati martyris
Quintini nonnulli ad Peronam monasterium
in quo Furseus corpore conquiescit, con-
fugium fecerunt.*

Vous sçaurez qu'en l'an 914, Charles
le Simple, l'un de nos rois, fut fait pri-

sonnier dans Péronne par Herbert comte
de Vermandois, qu'il y étoit mort et en-
terré dans l'église de Saint-Fursy, au
rapport de Odoramus, Flodoard et autres
chroniqueurs, par lesquels vous appren-
drez encore que quoique Raoul qui vivoit
en l'an 1100, du tems de Loüis le Gros et
Loüis le Jeune, fût seigneur de trois
comtez, de Vermandois, d'Amiens et de
Crépy, qu'il faisoit tant d'état de cette
ville qu'il ne voulut prendre autre qualité,
que celle de Comte de Péronne.

Vous verrez dans Philippe de Comines
que quoique Louis XI fût un autre homme
que Charles le Simple, néanmoins que le
comte de Charolois avoit, en l'an 1467,
entrepris de lui jouer le même tour et
qu'il l'y eût fait prisonnier, s'il ne lui eût
accordé tout ce qu'il avoit voulu pour le
voyage de Liège.

Ce fut à Péronne que les grands du
Royaume s'assemblèrent en l'an 1574,
pour aviser aux moyens de défendre notre
religion contre la prétendue réformée.

Il se reconnoit par les archives que dès
l'an 1209, Philippe-Auguste lui avoit
accordé droit de Communauté, avec pouvoir de s'élire un maire et faire des eschevins, lesquels priviléges ayant été éteints,
furent rétablis par Charles le Sage en l'an
1368, avec les mêmes droits, à la charge

du serment par les échevins. *Præposito nostro Peronensi, vel ejus locum tenenti, quod officium suum fideliter exercebunt sub nostrâ semper et successorum nostrorum verâ obedientiâ et fidelitater manentes.* Ce sont les termes de la chartre dont j'ai copie.

Je vous dirai de plus, que le Chapitre de Péronne ayant résolu de transférer le corps de S. Fursy de la châsse où il étoit, en une autre plus auguste et plus commode, que cela se fit dans une assemblée si illustre, que le Roy S. Louis daigna l'honorer de sa présence, comme le procès-verbal qui en fut lors dressé en fait foi : ce fut en 1256.

Il se voit aussi par un ancien manuscrit que j'ai bien relié, comme en l'an 1507, durant les mois d'aoust, septembre et octobre, au tems que le seigneur d'Halluin, seigneur de Piennes, étoit gouverneur des trois villes, il fut en vertu de lettres patentes du Roy données à Blois le 22 avril 1506 et autres données à Grenoble le 2 avril 1507, procédé à la visitation et réduction des coutumes qui étoient lors observées au gouvernement et prévôté de Péronne, par plusieurs personnes, qui furent pour ce députées et choisies par les gens des trois Etats qui s'étoient trouvés jusques au nombre de 1,200 en ladite

ville, en suite des assignations qui leur en
avoient été données de la part du gouverneur, et qu'à cette assemblée avoit tenu
le siége Alexandre de Teques, comme
lieutenant du gouverneur, en la présence
du prévost et procureur du Roy dudit
Péronne, sans qu'ils y soient autrement
nommez ; par le 3. art desquelles coutumes manuscrites, le gouverneur est
qualifié juge provincial, réformateur des
sentences, tant du prévost et autres siéges
royaux de Péronne, que de celles des
juges suballernes.

Maintenant les jurisdictions de bailliage
et prévosté sont réunies, et donnent aux
officiers autant d'emploi que l'on puisse
souhaiter, leur ressort étant composé de
nombre de bourgs et villages, l'élection
de 211 paroisses et le Grenier de 152.

Cette ville sert de passage aux marchands de Flandres, soit en allant ou
revenant, ce qui lui apporte un avantage
nonpareil. La rivière de Somme en bat les
murailles, et fournit quantité de beaux
poissons, et plus encore aux environs de
cette ville qu'en tout autre lieu où elle
passe.

La Police y est observée admirablement
bien; aussi l'on élit tous les ans pour ce
12 échevins, compris le mayeur; et quoique

2

ce nombre semble excessif, il n'y en a
pas un pourtant d'inutile. L'emploi du
mayeur est de rendre la justice aux habitans, comme chef d'une commune qui a
toute justice, haute, moyenne et basse, et
doit se trouver à l'ouverture et fermeture
des portes et assiette de la garde. Un des
échevins est élu pour faire la recétte des
deniers patrimoniaux de la ville qui consistent en 10 ou 12 mille livres de rente,
compris les dons et octrois ; un autre est
chargé du revenu de l'Hôtel-Dieu, un
autre de celui de Saint-Lazare, et un
autre pour recevoir le bien des pauvres
de la ville, qui n'est guère moins de 4,000
livres, y ayant cela de remarquable, qu'il
y a fond pour entretenir deux jeunes Cordeliers aux études, et quatre orphelins au
métier, par la donation qu'a fait la demoiselle de Leau, dont les sieurs Aubé sont
parens, et lesquels ils doivent nommer. Il
y a deux échevins munitionnaires, en
tant qu'ils se chargent de tous les grains
de la ville sous un bon inventaire, et sont
obligez de vendre les vieux et en acheter
de nouveaux ; deux ont soin des ouvrages
publics, et les deux autres sont appellez
fourriers, qui sont chargez des logemens
des gens de guerre, aydes et fournitures.

A chaque échevin comptable en est
donné deux autres pour ordonner des

emplois des deniers de la recette à tel
point, que sans leur ordonnance, il ne leur
est rien passé en dépense, lesquels comptes
se rendent *gratis*, aussitôt après l'an, pardevant ceux qui entrent en charge, non
pas à la façon de notre ville (Montdidier)
dont les juges sont les parties et sont obligez
les ordonnateurs de s'y trouver pour rendre
compte de leurs ordonnances ; et ayant à
vous dire encore que dans la distribution
des billets pour les soldats, il y a tant d'é-
quité, que les échevins sont les premiers à
en prendre leur part, et les habitans sont
encore à fournir le premier sol pour la
subsistance du soldat.

REMARQUES

SUR LA VILLE DE PÉRONNE [1]

PAR UN ANONYME (1775-1776)

———

Ce que vous venez de lire, mon cher
lecteur, commence à devenir ancien, ne
vous y trompez pas : cecy est de mil sept
cent soixante-quinze, et il l'a précédé de
quatre-vingts ans et plus. La preuve en
est claire, vous l'avez voir.

L'auteur parle d'un hôpital de Saint-
Lazare ; cet hôpital a existé, il est vrai,
mais il n'existe plus. Les bâtiments en
subsistent encore néamoins, ils sont
scitués dans la ruë des Cordeliers, près leur
église, et ils ont été donnés à des particuliers à bail emphitéotique qui est prêt à
expirer. Conséquemment comme d'après
l'auteur lui-même cet hôpital subsistoit
au moment de son écrit, comme actuellement il y a un bail de quatre-vingt-dix-

———

(1) Ces notes manuscrites se trouvent à la suite
d'une copie du « discours particulier » qui précède,
et sont l'œuvre d'un homme de loi péronnais dont
le nom nous est inconnu.

neuf ans de ses bâtiments, et qui est à sa fin, ce même écrit ne peut avoir moins que quatre-vingts ans, le bail en question ne pouvant avoir commencé qu'après l'extinction de l'hôpital.

Quoiqu'il en soit les revenus en sont réunis à ceux de l'Hôtel-Dieu qui, au moyen de ce, se trouve très-riche, d'autant plus que tous ces biens ne sont pour ainsy dire qu'en terres qui depuis quelques années, sont augmentées considérablement en rendages, et que le bled est depuis le même temps d'un prix excessif.

Péronne, outre les couvents de religieuses dénommés par l'auteur, en a deux autres que l'on nomme les Ursulines et les Sainte-Agnès. Les premières sont cloîtrées, les dernières ne le sont pas. Celles-là ne sont point fort à leurs aises, celles-cy le sont, et ont toujours chez elles une trentaine de pieuses orphelines qu'elles sont obligées de garder jusqu'à l'âge de quinze à seize ans, et qu'elles font travailler pendant ce tems à la dentelle : elles reçoivent d'ailleurs relativement à ces filles quelques charités.

Les dames de Sainte-Claire quoiqu'elles n'ayent aucuns biens, quoiqu'au nombre de 20, quoiqu'enfin elles soient cloîtrées, ne manquent de rien. Le public s'empresse à l'envie de leur faire des charités dont elles versent le superflus dans le sein des pauvres Aussy l'on peut dire qu'elles mènent une vie bien édifiante. Jamais viande n'entre chez elles ; elles ne vivent que de maigre le plus sobre. Elles sont presque toujours en prierres, toujours pieds nuds. Elles n'ont qu'une chemise et des draps de serge.

Les Péronnois se sont toujours distingués par leur bravoure, leur piété, leur soumission, et leur attachement à leurs Roys. Ils l'ont prouvé dans plusieurs occasions, notamment dans le fameux siége de leur ville en 1536 ; ils le feroient encore si pareilles occasions se présentoient aujourd'huy ; à l'exemple de leurs ancettres ils sacriffieroient plutôt mille vies, s'ils les avoient, que de succomber sous une domination étrangerre. Tels ont été les Péronnois, tels ils sont encore aujourd'huy. Aussy les précédents Roys en récompense de leur fidélité, leur ont accordé de très beaux priviléges, entre autres, l'exemption de franc-fief et de logement de troupes chez eux pour lesquelles il y avoit des cazernes qui subsistent encore.

Jusqu'aux environs de 1766, les Péronnois ont toujours joui de ces décharges, mais à cette époque elles ont été interrompues.

Comme Péronne étoit pour ainsi dire la seule ville exempte de logement, cette exemption paraissoit dure aux troupes : elles en portèrent plusieurs fois leurs plaintes à Sa Majesté qui toujours y ferma l'oreille. Mais enfin la catastrophe qui arriva à peu près dans ce tems, la fit penser tout autrement.

Il y avoit une de ces cazernes sçituée sur le rempart vis-à-vis la montagne du Brusle. Une belle nuit, dans le tems même où le sommeil répand ordinairement ses plus doux pavots, on sonna pour prévenir qu'il y avoit le feu dans la ville. Alors les Péronnois, naturellement portés à s'entr'aider les uns et les autres, s'éveillèrent, sortirent aussitôt de leurs maisons, et allèrent droit à l'endroit où étoit le feu, c'est-à-dire à cette cazerne qui étoit totallement embrasée. C'étoit le spectacle le plus touchant ; tous, hommes, femmes, enfants, sans distinction, travailloïent à arrêter le progrès des flammes, les uns en chemise, les autres à demi habillés. A force de soins et de travaux, on est enfin parvenu à faire cesser cet embrasement.

Un régiment de Navare qui avoit couché cette nuit dans la ville, mécontent de ces cazernes, avoit fait avant de partir ce beau chef d'œuvre.

Louis XV voyant alors jusqu'où pouvoit

aller le mécontentement de ses troupes,
prit enfin la résolution d'ôter à Péronne
un privilége que ses prédécesseurs avoient
respecté jusque là En conséquence depuis
ce tems les Perronnois logent les troupes.

Comme dès lors cette cazerne se trouvoit inutile, et que d'ailleurs elle se trouvoit en partie brûlée, on la fit démolir.

Jusqu'en mil sept cent soixante-unze,
Péronne joüit néamoins de l'exemption
du droit de franc-fief, mais soit que cette
Révolution fît oublier à Louis XV les causes
pour lesquelles il lui avoit été accordé,
soit pour d'autres motifs que l'on doit
ignorer, il l'abolit alors ; mais cette ville
doit tout attendre de la bonté et du dé-
sintéressement de Louis XVI actuellement
régnant qui, à l'exemple de ses prédécesseurs, fera revivre des priviléges que sa
fidélité envers ses Roys a mérités, et mé-
ritera. Les bienfaits qu'il a répandus par
profusion sur ses sujets depuis son avènement à la couronne, le droit considérable de cet avènement qu'il pouvoit exiger d'eux, et qu'il leur a abandonné, en
sont une preuve.

Quoiqu'il en soit, les Péronnois ont
beaucoup souffert de sa perte, aussi en
sentent-ils mieux que jamais sa valeur.

En effet, sur la foy de ce privilége,
leurs ancêtres avoient acheté des fiefs qui

se vendoient alors aussy chers que les
rotures. Cette supression arrivant, il a
fallu aussitost en payer un revenu d'année,
et comme les biens de plusieurs familles
ne consistoient qu'en cette espèce, elles
se trouvèrent alors très-mal dans leurs
affaires

L'élection que l'on faisoit autrefois tous
les ans, compris le mayeur, de douze
échevins pour l'hôtel-de-ville de Péronne
ne consiste plus aujourd'huy en ce nombre; il n'y a que six échevins et un mayeur
à élire, les charges desquels l'hôtel-de-
ville a acheté depuis 1771 moyennant
16,000 fr. de Louis XV, qui l'avoit permis
à toute personne par édit de la même
année.

L'hôtel-de-ville est aussy composé d'un
procureur du roy et d'un greffier. Ces
charges ont été vendues par Sa Majesté
aux sieurs Dassonvillez et Deguehagny,
qui en jouissent depuis cette époque,
moyennant, celle de procureur du roy,
une dizaine de mille francs, et l'autre
8,000 fr.

On peut dire que depuis quelques années
la ville de Péronne a bien contre elle.
Jusqu'en 1768, on pouvoit posséder ensemble les charges de procureur et de
notaire, jamais elles n'avoient été incom-
patibles. A cette époque, arrêt intervient

qui en ordonna cependant l'incompatibi-
lité, ordonna en conséquence de faire
l'option de l'une ou l'autre de ces deux
charges dans les six mois, suprima entièrement celle non optée et réduisit le nombre
de procureurs, de dix-huit qu'ils étoient,
à douze, et celui de notaires de 17 à 10,
en réservant néamoins, si, après les
options faites, le nombre des offices optés
se trouvoit au-dessus de celui fixé, la vie
durant dans iceux jusqu'à ce que le
nombre fut de la manière cy-dessus

   Quoique cet arrêt étoit dur, il fallut s'y
soumettre ; en conséquence, depuis ce
temps on est privé de charges que l'on
avoit bien acquises.

   Quoiqu'il en soit, le calme succédera
peut-être à l'orage, et Péronne joüira de
sa tranquillité ordinaire. Le caracterre de
son Roy actuel doit le lui faire espérer.

   Louis XVI, né le 23 août 1754, petit-fils
de Louis XV, né à Versailles le 15 février
1710, sacré et couronné à Reims le 25 octobre 1722, marié à Fontainebleau le 5
septembre 1725, et mort le 10 may 1774,
est monté sur le throne depuis cette mort.
(Il se maria à Versailles le 16 may 1770,
avec Marie-Antoinette, née archiduchesse
d'Autriche le 2 novembre 1755, qui de
son côté a bien voulu céder à la France
son droit de ceinture, et fut sacré et cou-

ronné à Reims le unze juin 1775) Et depuis
ce tems chaque jour est marqué des traits de
sa bonté pour son peuple : il en a donné la
plus grande preuve en rétablissant la
première année même de son règne, dans
toute son intégrité, son Parlement de
Paris qui depuis trois ans étoit remplacé
par un nouveau, et dont les membres
étoient exilés depuis, et ont été rappellés
à cet effet, en en usant de même à l'égard
des autres Parlements qui avoient essuyé
le même sort, et en remettant enfin toute
la magistrature dans son premier état.

Il a encore donné en 1775 la preuve la
plus éclatante de sa sagesse, de sa bonté,
de son activité, et de sa prudence à l'occasion des séditions arrivées dans Paris,
dans presque tous les endroits de son
royaume, devant ses yeux mêmes, toutes
pour ainsy dire, dans le même tems, à
cause de la chèreté des grains, par les
sages mesures qu'il a prises aussitost, les
punitions qu'il a fait subir aux plus séditieux, et les troupes qu'il a fait passer
dans tous les endroits où ces troubles
pouvoient avoir lieu, il est venu enfin à
bout de les appaiser. (1)

(1) Du jeudi 11 mai 1775. — Résolu de payer
une somme de 30 livres au nommé Siméon, labou-
reur au Tranoy (le Transloy), à titre de supplément

La prudence étoit absolument nécessaire dans cette occasion : le nombre des séditieux étoit considérable, d'ailleurs on sçait jusqu'où peut se porter une populace à qui l'on fait entendre qu'en se rebellant c'est le seul moyen de faire diminuer une denrée aussy prétieuse que le bled, et que le Roy même authorise et permet cette rébellion. Aussy dans ce sentiment elle se portoit à des extrémités terribles ; elle alloit chez les boulangers prendre leur pain, fouloit aux pieds leur farine et leur bled, mettoit le taux qu'elle vouloit au bled sur les marchés, et dans les greni rs l'enlevoit même sans argent, ou coupoit les sacs, selon sa fantaisie, maltraitoit et massacroit même ceux qui vouloient s'opposer à ses brigandages. Comme les troupes avoient ordre de tirer sur ces

---

du prix du blé fourni à la populace de cette ville au marché du samedy 6 courant, à raison de 24 livres au lieu de 27 livres, prix convenu avec le marchand, plus 12 livres pour le détachement d'invalides du château et 25 livres pour celuy des bourgeois qui ont veillé à la police des marchés des 9 et 11 de ce mois. (Registre aux résolutions de l'Hôtel-de-Ville, *hoc anno*). — 2 compagnies de la légion de Soubise arrivèrent le lendemain à Péronne. Les soldats furent logés à la caserne de l'Hôpital, et les officiers chez Fidèle Sandra, hôte de Saint-Martin. *(eod. loc.)*

misérables, elles en tuèrent plusieurs, ces
fanatiques de leur côté en faisoient autant
sur elles.

Si le canal de Picardie a lieu à
Péronne comme on peut s'y attendre
puisqu'on y travaille depuis 1768 ou 1769,
et que les terres qui ont été prises pour ce
ont été payées sur le pied qu'elles pouvoient valoir, cette ville en retirera sure-
ment quelqu'avantage; les transports en
devenant moins coûteux, les étrangers
y viendront en foule, et elle en deviendra
plus vivante et commerçante.

Nota. 1. — Les revenus du collége de
Péronne consistent en une prébende du
Chapitre royal de Péronne. L'Hôtel-de-
Ville fournit le collége, se charge des
grosses réparations, et paye annuellement
une somme de 330 fr. — En vertu d'une
convention faite entre l'ordre des Trinitaires, le chapitre de Saint-Fursy et
l'Hôtel-de-Ville, il y a près d'un siècle, ce
collége depuis ce tems étoit tenu par trois
de ces religieux. Ce concordat a cessé
d'avoir lieu au mois d'août 1776, époque
à laquelle le supérieur des Trinitaires
ayant reçu quelques reproches relativement à l'éducation des enfants par la
férule des Trinitaires pour lors à Péronne,
les a rappelés brusquement après avoir
vendu tous les meubles qui se trouvoient

dans ce collége. Dans cette extrémité trois
de MM. les chanoines, de Solignac,
Dehainault et Debussy se sont chargés de
l'instruction.

2. — Les revenus des dames Ursulines
de Péronne se trouvent augmentés depuis
quelques années de 2,000 fr. environ par la
raison que les biens d'un certain couvent
qui existoit il n'y a point longtemps et qui
n'existe plus à Saint-Quentin, ont été
réunies à ceux de ces dames qui, par
conséquent, ne sont plus si pauvres.

3. — On sçait que le Roy a mis depuis
quelques années en charges les places de
mayeur, d'échevins et procureur du roy,
et de greffier, ce qui a permis à tous sujets
de les acheter. Comme cet édit pouvoit
avoir ses inconvénients, il vient de permettre aux Hôtels-de-Ville de racheter,
s'ils le veulent, les charges acquises en
remboursant seulement aux acquéreurs le
prix qu'ils en avoient payé ; en conséquence, comme à Péronne les charges de
procureur du roy et de greffier ont été
acquises par deux différents particuliers,
assemblée de Commune a été faite en cette
année 1776 pour sçavoir si l'hôtel-de-ville
profiteroit de la liberté accordée ; tous les
membres de cette assemblée ont été pour
l'affirmative, et il y a été délibéré
qu'argent seroit pris à constitution pour

le rachat de ces deux charges. Depuis cette assemblée, dans cette tenue, le 25 novembre 1776, M. Deguehagny a consenti au remboursement de sa charge de greffier. En conséquence, il a été décidé que ce remboursement lui seroit fait, et qu'il joüiroit sa vie durante de cette charge, et il a été nommé pour homme vivant et mourant le sieur Gonnet-Defiéville âgé de 24 ans, fils de M. Defiéville, subdélégué.

COUSTUME LOCALE

DE LA VILLE DE PÉRONNE

C'est le double et coppie des coustumes
localles desquelles l'on a accoustumé de
toute ancienneté user en la ville et banlieue
de Péronne que les maire, eschevins et
jurez dudit lieu ont présenté et baillé à noble
et puissant seigneur Monsieur le gouver-
neur de Péronne ou son lieutenant commis-
saire du Roy nostre sire en ceste partie en
obéissant aux commandemens à eux faictz
par vertu des lettres patentes d'icelluy
signées en la manière qu'il senssuit.

I

PREMIER est vray que lesd. maire, eschevins et jurez de la ville de Péronne sont
hault justiciers et seigneurs voyers en
toute lad. ville et banlieue, et en toutes
eaües communes et aussy avant que lad.
seigneurie s'estend et comporte. Et à ceste
cause leur appartient la cognoissance,
correction et jugement de tous malefices

et delictz commis et perpétrez en leur
jurisdiction, sauf des cas privilégiez réser-
vez au Roy et à ses officiers sans en faire
quelqz renvoy en autre seigneurie sans
que les délinquans soient leurs subiectz
ou non.

II

Item leur loist prendre et avoir cognoissance de tous malfaicteurs trouvez impunis
en icelle ville et banlieue. Ont aussy lesd.
maire et jurés pouvoir et authorité de
mettre à exécution tous bannissemens à
temps ou à tousiours par eux adjugez, et
de faire pilloriser et mettre à l'eschelle.
Et quant aux autres criminelles tant de la
tortur comme de mort ou autre peine cor-
porelle par eux donnée, combien qu'ilz
ayent faict les jugemens et sentences,
toutesfois l'exécution appartient au roy
ou à ses officiers qui, à cette cause, a la
confiscaôn de ce qui est en ladicte ville et
banlieue subject à l'échevinage et dont
icelluy seigneur faict faire les exécutions à
ses despens. Et se déclarent les malfaicteurs jugez et condamnez par lesd. maire,
eschevins et jurez ausd. peincs au prévost
du Roy nostre sire à Péronne ou à son
lieutenant qui est tenu de mettre à exécution les sentences et jugemens selon leur
forme et teneur aux despens du Roy. Et

3

s'il y avoit appel, l'appel ressortiroit
pardevant ledict gouverneur de Péronne
ou son lieutenant, et soustiendront lesdictz
maire et jurés leur sentence aux frais et
despens de lad. ville. Et sy lad. sentence
estoit confirmée, et que ledict délinquant
se portast pô. app^{ant} lesdictz maire et
jurez seroient deschargez du procès, et
demeurera ledict délinquant en la charge
des officiers du Roy pour l'envoyer à
Paris, et en faire au surplus selon qu'il en
seroit ordonné par la Cour de Parlement,
le tout aux dépens du Roy.

III

Item que lesd. maire et jurez ont authorité de condamner tous délinquans en
amende arbitraire, ou telle autre amende
qu'ilz verront estre à faire par raison.

IV

Item que lesdictz maire et jurez ont le
regard de toute la police de lad. ville tant
sur le pain, vin, chair et autres vivres;
droictz d'esgards sur toutes marchandises
ainsi que plus à plain est contenu au livre
de l'instruction d'icelle police qui se publie
par chacun an par messieurs de la loy le
dimenche ensuivant la création et institu-
tion d'icelle loy.

V

Item que en ladicte ville y a une justice estroicte et rigoureuse par Chartres et priviléges du roy qui s'exerce par un personnage institué de justice de lad. ville, lequel antiennement se nomme chastellain et justicier du Roy, et qz lesd. habitans tiennent à ferme à tousjours du Roy nostred. seigneur, avec deux des eschevins dudict lieu, ou aultre plus grand nombre, leur loist à la requeste d'autruy mettre en arrest au corps toutes personnes indiféramment ou aucuns de leurs biens, pour avoir solution et payement de ce qu'il leur seroit deub par lesd. arrestez, sy ce nestoit que lesd. arrestez soient en marrie de lad. ville clers nobles hommes de fiefs ou bastards sur lesquels il ne se peut procedder par arrest, et s'il se faict, et ilz se advouent de leurs priviléges et ilz le vérifient, s'ilz en sont arguez ilz ont et auront mainlevée et despens. Sy ce nest qu'ils ayent respondu péremptoirement en la cause, et aussy ne peuvent lesd. clers nobles hommes de fiefs et bastards faire arrester et empescher aultruy en corps et en biens par ladicte loy estroicte quant la partie arrestée à leur requeste le veut impugner et débattre.

VI

Item semblablement y a autre justice et trois eschevins en la rue de Soibotécluze qui peuvent user de telz arrestz que dessus est dictz

VII

Item que en ladicte ville et en tous les villages de la prévosté de Péronne l'on a accoustumé user au poix aulne et mesure de Péronne il loist et appartient de toute antienneté ausd. justice et eschevins de justiffier, espaller et fiastrir du fiatre d'icelle ville tous les poids aulnes et mesures, faire visitation par toute lad. ville quand bon leur semble d'iceulx poids aulnes et mesures, et s'ilz en trouvent aucuns non flatris du fiatre de ladicte ville et qu'ilz ne soient justiffiez selon les poids aulnes et mesures qu'ilz ont pardevers eux en la Chambre de l'eschevinage de procedder à exécution et amende, selon l'exigence du cas, et quant aux poids aulnes et mesures qui sont trouvez par le prévost du roy nostre sire ou autres officiers royaux es villages et mettes d'icelle prévosté ou l'on use desdictz poids et mesures s'ilz ne sont flatris dudict fiatre ou qu'ilz ne soient justes comme dict est, lesd. officiers les doibvent apporter et justif-

fier en lad. Chambre de l'eschevinage par
lesd. eschevins pour après ladicte visitaôn
et rapport procedder par lesd. officiers du
roy à la correction et punition d'iceulx
qui en auroient mal usez par la manière
qu'il appartiendra par raison.

VIII

Item quiconque bat autruy à sang, ou le
rue par terre en lad. ville et banlieue, il
eschet envers lad. ville en dix livres d'a-
mende.

IX

Item que sy aucun frappe aultruy de
coups orbes (1) ou aultrement sans sang,
il eschet en cent solz d'amende à la ville,
de trente solz à justice.

X

Item qui tire son espée ou glaive sur
aultruy, il eschet en quarante solz envers
la ville.

XI

Item qui faict esramye contre aultruy,
en boutant ou sacquant, il eschet en quarante solz.

---

(1) Coup orbe, — qui meurtrit sans entamer les
chairs.

XII

Item que s'aulcun dict ou faict vilanye au mayeur ou aucun desd. sieurs de la loy en exerçant leurs offices, en sera faict punition et réparation arbitraire à la discrétion desd. sieurs.

XIII

Item qui injurie aultruy, il eschet en quarante solz.

XIIII

Item que lesd. sieurs ont authorité de condamner tous délinquans en amende arbitraire, ou telle aultre amende qu'ils verront estre à faire.

XV

Item par lad. coustume, les bourgeois subiestz manans et habitans de ladicte ville et banlieue qui se départent d'icelle ville, et vont demeurer en aultre lieu, doibvent de droict seigneurial pour part de ville le dixiesme denier de la valeur et estimation de tous leurs biens meubles, tant de ceulx qui sont en lad. ville, ou en quelque lieu qu'ilz soient et avec le dixiesme denier au proffict de ladicte ville de la vente qu'ilz feront à leur département ou depuis des héritages tenus à la loy et eschevinage dudict Péronne.

XVI

Item que toutes personnes indiféramment soient gens d'église, nobles ou aultres qui ont héritages à eux appartenans à quelque titre que ce soit tenus et mouvans à la loy et eschevinage dudict lieu doibvent ledict dixiesme denier à la ville de droict seigneurial de la vente qu'ilz feront desdictz héritages quant telle vente se faict eux estans demeurans hors lad. ville, et quand ilz se départent.

XVII

Item par ladicte coustume les héritiers ou ayans cause de gens d'église ou nobles qui sont déceddez en lad. ville et banlieuë doibvent le dixiesme denier de droict seigneurial à ladicte ville des biens de ladicte succession qu'ils emportent hors de lad. ville, et des héritages tenues de lad. loy et eschevinage qu'ilz vendent à aultruy.

XVIII

Item par ladicte coustume toutes maisons, jardins, prez, vingnes, eaues, terres, cens, rentes et aultres héritages quelconques tenues à ladicte loy et eschevinage dudict lieu esquelz lesdictz maire et jurez ont jurisdiction et dont les dessaisines et saisines se font et doibvent faire pardevant

lesdictz justice et eschevins dudict Péronne
ou de Soibotécluze sont tenus censez et
reputtez meubles fonciers sortissans nature
de meubles en succession, disposition, don-
nation, vendition ou aliénation soit dentre
vif ou par testament sauf et réservé que à
faire lesd. donations, venditions, disposi-
tions ou aliénations entre vif ou par testament est requis icelles estre faictes par
dessaissines pardevant lesdictz justice et
eschevins.

XIX

Item par lad. coustume locale dud.
Péronne combien que lesdictes maisons,
prez, jardins, bois, vingnes, eaues et aultres héritages tenues à la loy et eschevinage dud. Péronne soient tenus et réputtez meubles fonciers toutesfois ne se peuvent transporter, donner ou aliéner par
don dentre vif ou par testament ou· aultrement en quelque manière que ce soit
qu'ilz appartiennent au donateur ou
vendeur de propre ou acqueste de par luy
de par sa femme, ou aultrement à quelque
diltre ou moien que ce soit si ce n'est que
telle donation, vendition, transport ou
aliénation soit faicte par dessaisine pardevant les eschevins et justice dudict lieu
de Péronne et que ledict légataire ou
vendeur en soit dessaisy ou devestu actuel-

lement par verge et baston en personne,
ou par procureur suffisamment fondé
de procuration es mains desd. justice et
eschevins, aultrement tel don, vendition
seroit nulle et sans porter effect valleur ou
vertu au proffict du donataire ou achepteur sy l'héritier ou celuy à qui il touche
ne le consent, ou ratifie, ou que audict
don achapt ou transport, l'achepteur ou
vendeur soit maintenu par authorité de
justice et deuement signiffié audict héritier, ou aultre à qui ce touchera, qui a ce
ne baille contredict ou opp°ⁿ et que sur
l'opposition qui seroit baillée senssuit
décret ou maintenüe de juge.

XX

Item par lad. coustume localle de lad.
ville et banlieuë de Péronne, le mary peut
vendre, donner, transporter et aliéner
par dessaisine faicte pardevant justice et
eschevins dudict lieu en l'absence de sa
femme et sans son consentement, tous et
chacuns les héritages, maisons, terres,
prez, bois, eaues, vingnes, jardins, cens
et rentes tenus à la loy et eschevinage
dudict Péronne appartenant à ladicte femme
soit de la succession et horrye de ses prédécesseurs, de son acqueste faicte paravant leur mariage, durant icelluy ou a
quelque aultre tiltre que ce soit et de

l'argent disposer à son bon plaisir, par
ce que comme dit est pour les héritages
tenus à ladicte loy et eschevinage dudict
Péronne sont tenus censuelz et réputtez
meubles fonciers et semblablement que
ledict mary peut vendre, donner, transporter et alienner par dessaisines tous
les héritages de sadicte femme les peut sy
bon luy semble en l'absence et sans le
consentement de sa femme charger de
rentes ou viages perpétuelz ou a rachaptz
d'aultres redevances desaisines et hypothèques sur iceulx héritages durant la
conjonction du mariage de luy et de sa
dicte femme.

XXI

Item par ladicte coustume localle de
lad. ville et banlieüe de Péronne au survivant des deux conjoinctz par mariage
compet et appartient tous les biens meubles et debtes communes entre eux au jour
du trespas du premier mourant, avec tous
les maisons, prez, bois, vignes et eaues,
cens rentes et autres héritages quelconques tenus à la loy et eschevinage dudict
Péronne qui leur compétoient et appartenoient de propre ou d'acquest tant du
costé du prédéceddé que du survivant soit
qu'il y ait enfans issus d'eux audict
mariage vivans au jour du trespas du

premier mourant ou non pour de tous
iceulx biens debtes, ensemble desdictz
héritages tenus à ladicte loy et eschevinage dudict Péronne jouir, user et possesser par ledict survivant et en disposer
comme de sa propre chose et à son bon
plaisir et volonté estant à sa viduité, mais
sy led. survivant se remarye et convolle
en aultres nopces et qu'il y ait enfans
issus d'eux deux au jour qu'il se remar-
riroit, iceulx enfans partiroient à l'encontre dudict survivant leur père ou mère en
tous lesd. biens meubles, debtes et
héritages tenus à lad. loy et eschevinage
dudict Péronne appartenans ausd conjoincts au jour du trespas du premier
mourant po^e telle part et portion qu'il leur
peut compéter et appartenir de la succession dudict premier prédécedé leur père
ou mère, laquelle part et portion est telle
qu'ils doibvent avoir la juste moitié
desdictz biens, meubles, debtes et héritages à l'encontre dudict survivant, si ce
n'estoit que ledict survivant en sa viduité
esist donné, vendu, allienné ou despensé
aucuns desdictz biens debtes ou héritages,
auquel cas par ce que dict est il en peut
disposer durant sa viduité lesdictz enfans
ny auroient aucun recouvrier de ce qui
seroit vendu, allienné, donné, transporté
ou dispensé par ledict survivant en sa

viduité, mais partiront seulement *per capita* en ce que ledict survivant auroit et tiendroit au jour qu'il se remariroit desd. biens et héritages et aultres tenus à lad. loy et eschevinage dudict Péronne par luy acquis durant sa viduité si aulcune y en a.

XXII

Item par ladicte coustume localle de Péronne saucun homme qui n'a point d'enfans prend en mariage une femme qui ait enfans d'aultre mariage, et va de vie à trespas paravant ladicte femme, soit qu'ilz ayent enfans dudit mariage ou non, la femme aura tous les biens meubles et debtes tenus à la loy et eschevinage de Péronne qui leur compétoient et appartenoient pour en disposer comme bon luy semblera, mais sy ladicte femme vefve convolle en autre mariage, et il y ait enfans dudict précédent et dernier mariage partiront iceulx enfans contre elle esd. meubles et héritage par moitié comme dessus est dict.

XXIII

Item pareillement si une femme vefve qui n'a point d'enfans prend en mariage un homme qui a enfans d'aultre mariage précédent et elle va de vie à trespas para-

vant son dict mary, il aura lesd. meubles
et héritages par la manière dicte.

XXIIII

Item mais si celuy desd. conjoincts qui
auroit enfans d'autre mariage alloit de vie
à trespas paravant celuy qui n'en avoit
nulz, lesd. enfans qu'ilz auront au jour
dudict mariage partiront à l'encontre
du survivant qui n'auroit aucuns enfans
en tous lesd. biens meubles et héritages
tenus à la loy et eschevinage dudict
Péronne par moitié.

XXV

Item si lesdictz conjoinctz avoient tous
deux enfans d'aultre mariage à l'heure de
leur conjonction et qu'ilz n'eussent enfans
de leur mariage au jour du trespas
du premier mourant, les enfans dudict
premier mourant partiront par moitié
à la succession d'icelluy premier mourant en tous sesd. biens meubles et héritages à l'encontre du survivant.

XXVI

Item si lesdictz conjoinctz ayant tous
deux enfants d'autre mariage avoient
encore enfans issus de eux deux vivans au
jour du trespas dudict premier mourant,

et que icelluy premier décédant délaisse aussy aucuns enfans dudict précédent mariage. En ce cas les enfans dudict premier mariage succèderoient auxd. biens meubles et héritages, et partiront à l'encontre dud. survivant à telle part et portion que, *per capita*, leur pourroit appartenir à l'encontre desd. enfans issus du dernier mariage auroient leur part et portion desd. meubles et héritages de par ledict premier mourant, mais appartiendra audict survivant pour en jouir et disposer tant qu'il sera en véduité et s'il se remarioit, lesd. enfans du dernier mariage auront leurdicte part sy elle estoit en nature, ou partiront pour telle portion qui qui leur appartiendroit de la succession dudict premier mourant leur père ou mère, aux biens dudict survivant en tel estat et valleur qu'ilz seront trouvez lorsque led. survivant se remarieroit.

XXVII

Item par les usages et coustumes locales de la ville de Péronne sy de deux conjoinctz par mariage sont issus un ou plusieurs enfans et l'un d'iceulx aussy conjoinct par mariage va de vie à trespas, et le survivant qui luy a succédé esd. biens meubles et héritages tenus à la loy et

eschevinage dud. Péronne se remarie sans
faire partage ausd. enfans des biens
meubles et héritages appartenant ausd.
conjoinctz au jour du trespas du premier
mourant incontinent icelluy second mariage faict parfait et consommé la moitié
de tous les biens meubles qui pour ce
appartenoient à iceulx seconds conjoinctz
mesme la moitié des héritages, cens et
rentes tenus à la loy et eschevinage dudict
Péronne qui appartenoient ausd. premiers
conjoinctz au jour du trespas du premier
décédant sont, compètent et appartiennent
ausd. enfans dudict premier mariage à
cause et par le trespas dudict premier
mourant, si ce n'estoit que le survivant du
premier mariage eust après le trespas
dudict premier mourant faict faire par
authorité de justice inventaire et prisée
des biens meubles et debtes communes
entre iceulx conjoinctz au jour dudict
trespas pour en faire partage ausd. enfans
s'il se remarie, auquel cas ne seroit tenu
à iceulx enfans pour leur moitié des meubles quand il se remariroit que selon la
valeur et prisée dudict inventaire.

XXVIII

Item ladicte coustume localle est telle
que sy l'un desd. conjoinctz secondement

allyé soit père ou mère d'iceulx enfans
non partis va de vie à trespas sans avoir
baillé ausd enfants leur part et portion
desd. meubles à eux appartenans à cause
du trespas du premier mourant père ou
mère, à iceulx enfans compète et appartient, doibt competer et appartenir, et
leur loist prendre et appréhender à l'encontre du survivant secondement aller
préalablement la moitié entièrement de
tous les biens meubles, maisons et héritages tenus à la loy et eschevinage dudict
Péronne demourez du décedz de tel second conjoinct ayant survescu le premier
conjoinct, père ou mère desdictz enfans,
et ce pour la part et portion qu'ilz ont
desd meubles et héritages de la succession de leurdict père ou mère prédéceddé,
et ce faict peuvent et doibvent partir à
l'autre moitié desd. meubles et héritages
à l'encontre dudict survivant pour leur
part dudict dernier déceddé leur père ou
mère, sy ce n'est qu'il y ait enfans dudict
second mariage, auquel cas ilz partiront
avec les enfans dudict premier mariage à
la quarte partie desd. meubles et héritages tenus à la loy et eschevinage dudict
Péronne, mais sy ledict survivant père ou
mère desdictz enfans dudict second mariage avoit la part desdictz enfans par
ladicte coustume pour en jouir et disposer

à son bon plaisir tant qu'il seroit en viduité
comme dict est dessus, et s'il se remarioit, sesd. enfans auroient leurdicte part.

XXIX

Item que sy lesd secondz avoient tous
deux enfans d'autre mariage à l'heure
de leurdicte seconde conjonction, ausquelz ilz neussent faict partage d'un costé
ni d'aultre, lesdictz enfans pourroient
prendre de chacune part tel droict que
dessus est déclaré es deux articles précédens quant le cas sy offriroit.

XXX

Item par ladicte coustume quand lun
des deux conjoinctz par mariage va de
vie à trespas sans délaisser enfans issus
de eux deux audict mariage, au survivant
d'iceulx conjoinctz compete et appartient
tous les biens meubles et debtes communes entre eux au jour du trespas du
predeceddé avec tous les maisons prez
bois eaues jardins et héritages quelconques
tenus à la loy et eschevinage dudict
Péronne, et mesme rentes ipothecques
sur lesd. héritages d'eschevinage, pour
en jouir user et possesser et en disposer
comme de sa propre chose, sans que

les héritiers dudict premier mourant
viennent à partage contre led. survivant
soit qu'il se remarye ou non.

XXXI

Item par lad. coustume locale de Péronne
s'il y a enfans vivans au jour du trespas
du premier mourant de deux conjoinctz
par mariage, le survivant aura entièrement les meubles et héritages tenus à la
loy et eschevinage dudict Péronne, et
suppose que ledict survivant se remarie
les héritiers dudict premier mourant, puis
quil ny aura enfans dudict premier mariage ne viendront à partage d'iceulx
meubles et héritages contre ledict survivant.

XXXII.

Item par ladicte coustume localle de
Péronne le père et la mère sont héritiers
de leurs enfans qui vont de vie à trespas
sans estre mariez et qu'ilz ne delaissent
enfans issus de leurs corps en léal mariage
es meubles et esd. héritages tenus à la loy
et eschevinage dudict Péronne, soit que
lesdictz héritages appartiennent ausd.
enfans de propre de la succession de leurs
prédécesseurs par acquesiz ou autrement,
pour ce que lesdictz héritages sont repu-
tez meubles fontiers.

XXXIII

Item par ladicte coustume localle deux possesseurs ou propriétaires d'héritages joignans et contigus l'un l'autre ne se peuvent ensaisir ni acquerir possession par quelque longue jouissance que ce soit de ce quilz auroient emprins l'un sur l'autre s'il n'y a tiltre à ce propos par lettres ou par tesmoings que tel jouissance ait esté et soit faicte à juste tiltre par permission consentement et accord de sa partie et comme a son droict appartenant.

XXXIIII.

Item par ladicte coustume deux héritiers qui ont leurs héritages contigus et joignantz l'un l'autre, peuvent faire et demander l'un à l'aultre une fois desreng, et ne peut nul d'iceulx refuser aux dis-pens desd. parties dont chacune partie payera moitié, mais icelluy desreng fait une fois, icelluy d'eux qui le vouldra encore demander sera du tout à ses despens; et ne peuvent ne doibvent demander led. dereng aultres que ceulx à quy lesd. héritages appartiennent.

XXXV.

Item et ont lesd. coustumes localles de

Péronne lieu et doibvent sortir effect non
pour ce seulement mais aussy semblablement entre bastards, espaves albains et
gens de serve condition, soit qu'ilz soient
alliez et conjoincts par mariage l'un à
l'aultre serf à serf ou que lesd. bastards
ou albains espaves et gens de serve condition se allient à gens de franche condition.

XXXVI.

Item par ladicte coustume les propriétaires et possesseurs des maisons granges
estables et aultres édifices contigus
tenans et joignans l'un à l'aultre, sont
tenus et subiectz de chacun costé avoir
bon mur et maçonnerie parrois et pallis
de charpentage et bonne closture selon
le désir et raison de l'édifice l'un à l'encontre de l'aultre, sy ce n'est que d'ancienneté ou de nouvel par consentement
desd. héritiers il y ait mur de maçonnerie
parrois et pallis de charpentaige ou aultre
closture qui sont entre leurs deux héritages
à eux communs et entretenus à communs
frais, ou que par appoinctement entretenu
entre les parties ou leurs prédécesseurs,
dont il appert deuement ce soit à entretenir à l'un d'eux seul et pour le tout
mais entre cours, jardins, et lieux non

amasez les closlures se font à communs frais, s'il n'y a lettres au contraire, ou que chacun deux vueille de sa part faire closture de son héritage.

XXXVII.

Item que lesd. propriétaires ou possesseurs des héritages contigus et joignans l'un l'aultre ne peuvent avoir veuë sur leursd héritages au préjudice l'un de l'aultre de chacun estage tant bas que hault que telle ne soit au-dessus de sept piedz de hault au pied du roy, et que icelles soient barrées de fer, toutesfois le voisin peut bastir et édifier sur son héritaige en telle hauteur quil luy plaist et empescher par son bastiment et œdifices lesd. veuës de son voisin s'il n'y a lettres à ce contraires.

> *Ce fut faict rapporté et affirmé et accordé en pleine Assemblée en la Chambre de l'eschevinage de Péronne; où estoient lesd. mayeur, eschevins et jurez, Messieurs de l'antien conseil et les six mayeurs de mairrie de lad Ville soubzsignans le vingt-quatriesme jour d'octobre l'an mil cinq cens et sept.*

[Collation des présentes a esté faicte à une copple non signée trouvée dans les papiers de feu M° Vincent Martine, vivant esleu en l'eslec-

tion de Péronne, par moy greffier de lad. ville
soubzsigné le quinziesme jour de septembre
mil six cent trente-quatre. *Signé* : DEHAUSSY.]

ORDONNANCES

Qui se publient par chacun an le jour
des bans qui est le dimenche d'après
la feste de St-Jean-Baptiste de la
parte de messieurs les mayeur eschevins et jurez de la ville de Péronne a
la barrette de la chambre au son de la
cloche du belfroy par le greffier de
lad ville.

Et premièrement.

Défences sont faictes à tous taverniers
et hostellains de recevoir et soustenir
gens de la ville et fauixbourgs à boire et
manger en leurs maisons et tavernes, et
aux maistres et maistresses des jeux de
paulme de ne permettre de jouer les jours
de dimenches et festes durant la messe
paroissialle, prédicaôn et vespres, et
pareillement à toutes personnes de jouer
aux jeux et spectacles lesd. jours et heures, ny de soy pourmener avant les églises
durant le service divin en peine en cas de
contravention de six livres d'amende pour
la première fois, et pour cognoistre des
contraventions, est enjoinct à toutes personnes qui soustiendront gens en leurs

tavernes et jeux susd. de faire ouverture
des portes de leurs maisons et chambres
à peine de pareille amende et de plus
grande s'il y eschet.

Est aussy deffendu à toutes personnes
de charier lesd. jours de dimenches et
festes et aux brasseries de brasser bierre
aussy en peine de soixante solz d'amende.

Lesquels brasseurs ne pourront vendre
et débiter leur bierre soit en gros ou en détail
que premièrement ayans entonné ou faict
entonner la bierre qu'ilz auront brassé, ils
nayent appellez l'un des quatre jurez de
ladicte ville pour gouster de ladicte bierre,
afin de cognoistre sy elle est bonne et telle
qu'ilz la doibvent faire selon l'estimation
et prix qui leur a esté donné, sur peine en
cas de contravention de trente livres
d'amende pour chacune fois et de plus
grande en cas qu'ils y rescidivent.

Et sy leur est faict deffences de vendre
à plus hault prix qui leur a esté permis et
aux hostellains et autres revendeurs de
bierre en détail de ne vendre ny excedder
aussy le prix qui leur a esté enjoinct sur
peine pour chacune contravention de
soixante solz d'amende.

Esgards des bierres et cervoises.

Les quatre jurez de lad. ville.
Est aussy enjoinct à tous brasseurs et

revendeurs de bière et cervoise de vendre
bière que le prix n'ait esté mis par lesd.
jurez en peine de vingt livres parisis
d'amende, et ne pourront lesd. brasseurs
faire leursd. brassins que premièrement
ilz n'aient appellez deux desd. jurez pour
cognoistre sy les estoffes quy y seront
mises seront bonnes et sufisantes et suivant les ordonnances sur ce faictes.
Leur deffendant de ne vendre ny excedder
le prix qui sera ainsy mis à peine d'amende
arbitraire, et afin de cognoistre la valeur
de tous grains est ordonné qu'il s'en fera
le rapport au greffe par ceulx qui seront
commis à ce faire pour y estre mis affoire
par lesd. eschevins.

Est faict pareillement deffences au fermier des poidz et mesures de lad. ville
de ne prendre plus grand droict pour lesd.
poidz et mesures, sçavoir pour chacun
septier de bled et avoine qui se vendera
et sera exposé en vente sur le marché un
denier, et pour chacun cent de pesant de
marchandises trois deniers, et pour le cent
de laine de pesant six deniers, sinon et où
il excédera ledict prix, icelluy sera condamné en six livres d'amende, et en plus
grande, s'il y eschet.

Défences sont aussy faictes à tous les
habitans de la ville faulxbourgs et ban-

lieuë qui ont choisy une des mairries et
y sont enroollez de ne changer d'aultre
mairrie pour laisser celle qu'ilz auront
choisy et seront enroollez sans excuses
légitimés et avoir par exprès nostre permission, à peine de payer par chacun
contrevenant soixante solz d'amende

Est encore enjoinct à tous lesd. hâns
de la ville et faulxbourgs d'eux tenir bien
et sufisamment esquippez et armez de
bons bactons et armes telles qu'il est requis pour la deffence et tuition de ceste
ville. Et eux trouver à chacune alarme
en leur quartier soit de jour ou de nuict
duement armez sur peine de douze livres
d'amende.

Et pour éviter aux abus qui se peuvent
commetire à la vente et débit de la chaux
par les chaufourriers, est ordonné comme
nous avons faict cy-devant ausd. chaufourriers vendans chaux de délivrer lad.
chaux à la mesure au mars comblée et
non à rez, laquelle mesure sera flatrie du
flatre de lad. ville, et sy seront encore
tenus de livrer ladicte chaux au pied de
l'ouvrage s'ilz en sont requis par les
achepteurs, sinon en cas de contravention
et où lesd. vendans chaux seroient refusans ou dilayans de livrer lad. chaux
selon et ainsi que dessus de payer soixante

livres d'amende et destre prins comme infracteurs des ordonnances publicques.

Est pareillement deffendu à tous habitans et aultres personnes de mettre ou faire mettre sur le marché, rues et ruelles, par leurs serviteurs ou servantes, fiens, tripailles, cendres, carres ou aultres immondices, leur enjoignant de les faire porter sur les rempars de lad. ville sauf pour les tripailles qu'ilz seront tenus de les faire transporter hors la ville et les faulxbourgs à peine de pareille amende de soixante livres.

Est aussy faict défences ausd. habitans et aultres personnes de ne mener et faire mener sur lesd. rempars chevaux, vaches, moutons, brebis, porceaux, chèvres, asnes, ny aultres bestiaux sur peine de pareille amende.

Comme aussy est deffendu à toutes personnes de chanter, danser, crier, faire bruit et clamasse avant la ville après la cloche du guet sonnée, en peine de six livres d'amende. Et aux M^{rs} et maistresses de soufrir leurs serviteurs et servantes de ce faire sur mesme peine.

Pareillement est deffendu à toutes personnes de prendre ou eslever terraux des rempars, faire aucune démolition des forteresses de la ville, ny jouer sur lesd.

rempars aux plattepierres, fers à cheval,
boulloires, quilles et aultres jeux, sur
peine de pareille amende.

Est aussy deffendu aux cordiers de ladicte ville et aultres de filer et faire cordes
par les grandes rues et marché sur peine
de soixante solz d'amende.

Défences sont encore faictes à toutes
personnes non malades, soit habitans ou
estrangers, de mandier avant la ville, et
ausd. habitans soit hommes ou femmes,
de soustenir en leurs maisons aucunes
personnes pour envoyer mendier sur peine
de fouët. Et à tous pauvres estrangers de
ne point séjourner en la ville plus d'une
ou deux nuictz sy ce n'est par maladie.

Ne pourront lesd. habitans et leur est
aussy deffendu de bailler à louage, leurs
maisons à personnes incogneues et estran-
gères que premièrement il ne soit apparu
de nostre permission, afin d'avoir cognoissance des personnes qui viendront
demeurer en ladicte ville sur peine de
soixante solz d'amende et de plus grande
punition s'il y eschet.

Et au regard des bouchers et aultres
vendans chaires leur est faict très expressément deffence d'exposer en vente chaire
qu'elle n'ait esté tuée la nuict précédente
la vente, et afin de cognoistre des abus

noüs pourront ou l'un de nous avec un
sergent faire la visitaôn desd. chaires et
sur le rapport que nous en ferons en la
Chambre adjuger telle peine que de raison.

Ne pourront lesd. bouchers soufler ou
faire soufler les chaires qu'ils tuent que
premièrement ilz ou leurs serviteurs se
soient présentez pardevant nous pour
cognoistre s'ilz sont capables et propres à
les soufler sans infection de la chaire et
faire préjudice à la chose publicque.

Et sy ne pourront aussy exposer en
vente aucuns veaux qui ne soient aagez
pour le moings de dix-huict jours en
peine de confiscaôn desd. veaux, et le tout
en peine de soixante solz d'amende.

Défences sont aussy faictes ausd. bouchers et toutes aultres personnes ayans
maisons respondantes sur le ruisseau de
la ville de jeter ou faire jeter tripailles et
aultres immondices et matières empes-
chantes le cours de l'eaue, et pareillement
d'y faire faire et bastir privez et estables
à porceaux, sur peine en cas de contravention de six livres d'amende, de démolition des bastimens et de faire oster et
porter lesd. immondices à leurs despens.

Ne pourront aussy lesd. bouchers et leur
est deffendu par expres de porter les tripailles et immondices sur les rempars, ny

mesme les jetter par-dessus les murailles desdictz rempars à peine en cas de contravention d'estre punis de grosse amende et autre punition que de raison.

Sy ne pourront lesd. bouchers garder les chaires sans les saller depuis la saint Remy jusques à pasques plus de trois jours et depuis pasques jusques à la saint Remy plus de deux jours sur peine de confiscation des chaires et d'amende arbitraire.

Seront tenus lesd. bouchers et aultres personnes ayant bestial d'amener et faire amener leurdict bestial pardedans la ville, sans les pouvoir faire amener sur les rempars en peine de quinze solz d'amende pour chacune fois.

Esgards des chaires sont commis les personnes de....

Au surplus, pour faire cesser toutes plaintes qui arrivoient journellement à cause de la vente du gibier et volailles qui se vendent en ceste ville en secret, est deffendu très-expressément à toutes personnes de vendre lapins, levraulx, perdrix, plouviers, bizets et aultres gibiers et volailles sinon sur le marché ordinaire sur peine de confiscaôn dudict gibier et volailles, et de soixante solz parisis d'amende.

Comme aussy est deffendu aux cabaretiers, cuisiniers, paticiers et aultres personnes pour le revendre d'en achepter ou
faire achepter secrètement, et en aultre
lieu que sur le marché ordinaire et qu'il
ne soit l'heure de dix heures du matin en
temps d'hiver, et neuf heures du matin en
temps d'estée sur peine de confiscaôn et
d'amende arbitraire.

Ne pourront aussy lesd. paticiers, cuisiniers et cabaretiers achepter marrée ou
aultre poisson d'eaue doulce en hiver
devant dix heures, et en temps d'estée
devant neuf heures en peine de soixante
solz d'amende pour chacune fois, et s'il
se trouve qu'ilz en ayent faict amas par
escuelles ou aultrement, est loisible aux
habitans de le prendre en payant le prix
qu'ilz l'auront achepté, et pour éviter les
abus qu'ils pourroient commettre avec les
marchandz leur est deffendu d'aprocher le
marché où se vend le poisson auparavant
les heures susdictes à peine de soixante
solz d'amende qui sera adjugée par vertu
d'un deffault.

Pareillement est deffendu aux vendeurs
de marrée et poisson d'eaue doulce de
vendre leur poisson aux sus-nommez,
mais le pourront exposer en vente et faire
vendre par ceulx qui auront serment à la

villé aux habitants d'icelle sçavoir en
temps d'hiver à huict heures et en esté à
sept heures, et sans premièrement que
leur poisson ait esté veu et visitté par les
esgards pour sçavoir de la bonté et
cognoistre sy ledict poisson d'eaue doulce
est de telle jaulge qu'il est requis à peine
de semblable amende de soixante solz
lequel poisson de mer ilz ne pourront
garder la nuict pour lendemain, ny icelluy
vendre après l'heure de douze heures de
nuict sur peine de pareille amende.

Sy ne pourront lesd. cabaretiers, paticiers, cuisiniers et taverniers tuer ny faire
tuer moutons, brebis, bœufs, porceaux et
aultres grosses bestes pour les distribuer
en détail sans nostre congé et permission
sur peine de pareille amende de soixante
solz.

Semblablement est faict deffences à
tous revendeurs tant de ceste ville que
aultres personnes venans au marché pour
achepter bœure, fruictz et aultres vivres
pour transporter hors, d'en achepter qu'il
ne soit l'heure de dix heures en temps
d'hiver, et neuf en temps d'estée sur
peine de confiscâon et de quarante solz
d'amende.

Et s'il se trouve que les vendeurs et
achepteurs y commettent abus ilz paye-

ront chacun d'eux l'amende telle que
dessus.

Ne pourront aussy les dessusdictz ny
aultres personnes indiférament aller aux
portes au-devant de ceulx qui apportent
au marché bœure, fromages, vivres,
grains, bestiaux et toutes aultres choses,
mais les laisseront aller au marché où ilz
en pourront achepter selon les heures
susd. et pour les grains leur est deffendu
d'en achepter pour faire grenier ny pour
transporter hors de la ville sinon en temps
d'estée qu'il ne soit neuf heures, et en
temps d'hiver qu'il ne soit dix heures,
sauf le bled qui ne se pourra vendre ni
achepter que à l'heure de unze heures en
peine de soixante solz parisis d'amende.

Esgards des cuirs et soulliers.

Le marteau des cuirs mis es mains de....

Est enjoinct à tous tanneurs, corroyeurs, cordouniers et savetiers de garder
et observer par chacun d'eux les ordonnances qui sont faictes sur leursd. mestiers
à peine d'encourir les amendes portées
par icelles.

Ne pourront tous les marchands drappiers de ceste ville ny d'aultres descharger
les draps en leurs maisons qui leur seront
amenez que premièrement ils n'ayent esté
menez au poid de la ville pour les marquer

du marteau de la ville qui est en la garde
de.... sur peine de soixante solz d'amende.

Esgards de la fleperie tous les jurez de
la ville.

Esgards de l'orphaverie et vaiselles
d'argent lesd. jurez.

Ne pourront tous orphevres de la ville
faire leurs ouvrages plus haultes que
d'une once d'argent sans les monstrer
chacune fois aux esgards, et y mettront
leur marque pour les faire bons où il
appartiendra à laquelle sera mis le poin-
çon de la ville qui a esté mis es mains
de.... sur peine de soixante solz parisis
d'amende pour chacune contravention, et
sy leur est prohibé et deffendu d'achepter
aucun or, ou argent en masse, et princi-
palement à gens incogneus sans le décla-
rer à justice sur peine d'estre punis selon
la rigueur des ordonnances royaulx.

Comme aussy est deffendu à toutes personnes de vendre ny achepter estain,
tiercain or potin, et aultres meubles en
secret sy ce n'est publicquement, et de
ceulx qui seront prins par ex^{on} ou qui
se venderont par authorité de justice sur
peine d'estre punis rigoureusement et de
soixante solz parisis d'amende aussy bien
l'achepteur que le vendeur.

Est aussy prohibé et deffendu aux pos-

tiers d'estain de marteller leurs vaisselles
et ouvrages de tiercain à la mode et façon
d'estain pour éviter aux abus qui pourroient arriver sur les peines que dessus
et aussy de prendre plus grand droict
que de douze deniers pour douzaine de
platz et escuelles qu'ilz bailleront à
louaige et pour les saulcières, assiettes et
werres six deniers, sur peine en cas de
contravention de suspension de leurs es-
tatz et d'amende arbitraire.

Ne pourront encores lesd. postiers d'estain marquer leur ouvrage que premièrement elle n'ait esté visitée par les esgards,
et quelle ne soit marquée du marteau de
la ville, mis es mains de . . . . . . sur
peine de vingt solz parisis d'amende pour
la première fois et pour la seconde de
soixante solz parisis, et pour la troisième
fois de plus grande amende arbitraire.

Esgards des laines, gros bois et fagotz
les quatre jurez de la ville.

Et est ordonné que au jaulgeage du
gros bois y aura un antien homme, et un
jeune, lesquelz n'auront aucun droict
quand les marchandz auront vendu en
gros ledict gros bois et foin, et seront tenu
lesd. jaulgeurs livrer jaulge et corde en
payant les droictz accoustumez qui est
de douze deniers pour chacun carteron

de faisseau de gros bois et pour chacune
jaulge de foin huict deniers, sans pouvoir
prendre ny exiger plus grand salaire sur
peine de vingt solz parisis d'amende.

Esgards des petilz pattez.

Est ordonné aux cuisiniers et paticiers
qui vendent viande de porter leur viande
couverte quand ilz vont avant les rues
sur peine de quinze solz d'amende pour
chacune fois.

Est ordonné que les esgards qui seront
commis et députez par chacun mois ou
sepmaine feront les affoires du vin qui se
vend en détail par les taverniers et aultres personnes vendans vin, dont en sera
baillé extraictz qui seront signez portans
le prix qu'ilz auront affoiré le vin et combien de pièces lesquelz extraictz lesd.
taverniers seront tenus rapportez par devant nous de trois mois en trois mois sur
peine de six livres d'amende pour chacune
contravention et pour chacune pièce
qu'ilz auront vendu sans affoire.

Plus est prohibé et défendu aux deval-
leurs de vin de prendre plus grand salaire
que celuy qui est porté par les ordonnances de la ville sur peine de vingt solz
d'amende.

Comme aussy est deffendu à tous porteurs au sacq de prendre plus pour leurs

sallaires que celuy cy-après. C'est à sçavoir pour chacun muid de bled qu'ilz
porteront pour la première montée et
premier estage six deniers, pour le second
estage huict deniers, et pour le troiziesme
dix deniers et ainsy en augmentant d'estage en estage, et pour le droict de mesurage de chacun muid six deniers, leur
enjoignant de ne faire refus de porter et
mesurer les grains au prix et raison que
dessus sur peine de vingt solz d'amende
pour la première fois et de punition cor-
porelle pour la seconde.

Esgards des menuisiers.
Esgards des cérusiers.
Esgards des cayelliers.
Esgards des cordiers.
Esgards des chappelliers.
Esgards des boulengers.

Est enjoinct à tous boulengers, tourton-
niers et tourtonnières qui auront permission de vendre pain es jours à eux
ordonnez de bien cuire et paneter leur
pain, et deffences à eux de le vendre sans
estre marqué et au prix qu'il leur sera
ordonné selon la vente du bled, sur peine
de confiscâon du pain et de vingt solz
parisis d'amende.

Esgards des tallandiers.

Esgards des mandelliers.

Esgards des tonnelliers.

Esgards des tisserands de toille.

Esgards des murquiniers.

Esgards des marchands merciers, joalliers, ciriers, gressiers, et lin-gers.

Esgards des poissonniers.

Esgards des thailleurs d'habitz.

Esgards des drappiers, chaussetiers.

A tous lesquelz gens de mestier leur est enjoinct de garder et observer les statutz et ordonnances par nous faictes sur leursd. mestiers à peine d'encourir chacun d'eux et pour chacune contravention les amen-des et aultres peines portées par lesd. statutz et ordonnances.

Collation a esté faicte des présentes à l'original estant en papier non signé estant dans la Chambre du Conseil de la ville de Péronne, — le 7 Décembre 1634.

CHARTE DE COMMUNE

DONNÉE A LA VILLE DE PÉRONNE

PAR LE ROI PHILIPPE AUGUSTE

EN L'AN 1209

AVEC LES MODIFICATIONS DE 1368

CHARTE

DE PHILIPPE AUGUSTE

AVEC LES MODIFICATIONS DE CHARLES V

1209 — 1368

———

In nomine sanctæ et individuæ Trinitatis. Amen.

PHILIPPUS dei gratiâ Francorum Rex : noverint universi præsentes pariter et futuri, quod nos burgensibus nostris Peronensibus concessimus communiam ad consuetudinem et ad puncta quæ inferius continentur.

I

Si quis aliquem de communiâ Peronensi infra castrum vel infra banleugam occiderit et captus fuerit, capite plectetur, nisi captus fuerit in ecclesiâ; et domus ejus, si aliquam habuerit, diruetur et mittetur ad havot; quidquid autem interfector habuerit infra justitiam communiæ, nostrum erit. Si vero interfector evaserit, castrum Peronense vel banleugam intrare non poterit, quousque parentibus interfecti

Au nom de la saincte et indivisée Trinité. Amen.

PHILIPPE, par la grâce de Dieu, roy de France, scachent tous présents, pareillement et futurs, que nous avons octroyé à nos bourgeois de Péronne la commune a coutumes et a poincts qui sont contenus cy dessoubs.

I.

Sy aucun occit aucun de la commune de Péronne dedans le castel ou la banlieue et il soit pris, que on luy couppe la teste, sil n'est pris dedans l'église. Et sa maison sy aucune en a, soit destruicte et mise à havot. Quelque chose que l'homicide ait dedans la justice de la commune sera nostre. Sy l'homicide eschappe, il ne pourra entrer dedans le castel ou la banlieue jusques a tant quil sera reconcilié au

fuerit reconciliatus, et emendationem
decem librarum communiæ dederit.

II

Si aliquis super alicujus morte accusatus fuerit et per legitimos testes illum
occidisse convinci non potuerit, per rectum judicium Scabinorum innocentiam
suam purgabit.

III

Si quis aliquem percusserit et querimonia indè Majori Communiæ facta fuerit,
quocumque modo eum percusserit, si id
constiterit, centum solidis emendabit, et
illi centum solidi erunt ad firmitatem
villæ, salvâ nobis amendâ nostrâ et jure
nostro; quod si legitimè constare non
poterit, tertiâ manu se purgabit.

IV

Si vero aliquis de nocte vel de die armis
molutis aliquem vulneraverit, et vulne-
ratus super hoc testes habuerit, percussor
decem libras ad firmitatem villæ pro
emendatione dabit, salvo forifacto nostro
per rectum judicium Scabinorum; sin
autem testes non habuerit, et de die
factum fuerit, septimâ manu se purgabit;
si vero de nocte factum fuerit, similiter
septimâ manu se purgabit; quod si per-

parent du mort et quil aura baillé dix
livres parisis d'amende à la commune.

II.

Sy aucun est accusé sur la mort daultruy et il ne peut estre convaincu par des
tesmoins icelluy avoir occis, il purgera
son innocence par droict jugement des
eschevins.

III.

Sy aucun frappe un aultre, et complainte
soit faicte de ce au maieur de la commune,
sil appert par quelque manière quil lait
féru, il s'amendera de cent solz, et ces
cent solz seront au proffict de la ville,
saulve nostre amende en ce et nostre
droict. Lequel faict, sil ne se peut prouver
loyalement, le faisant se purgera par tierce
main.

IV.

Sy aucun navre autruy d'armes moluttes
de jour ou de nuict, et le navré ait tesmoings sur ce, le frappeur payera pour
amende dix livres a la fremette de la ville,
sauf pour fourfaict par le jugement des
eschevins. Sy le battu n'a aucuns tesmoings, le faisant se purgera par septiesme
main sy le faict est faict de jour, pareillement sy le faict est faict de nuict il se
purgera par septiesme main, laquelle

cusso id non suffecerit, coram justitiâ
nostrâ et Scabinis poterit percussorem
appellare de quibuscumque voluerit et
potuerit secundum rectum judicium; et
si duellum indè judicatum fuerit, fiet in
curiâ nostrâ, sicuti debet fieri, de quibuscumque rebus duellum fuerit judicatum.

V

Si aliquis propter odium et rancorem aliquem habuerit suspectum et Majori
communiæ hoc intimaverit, Major ei
securitatem fieri faciet jurando juramento
à suspecto recepto; et si suspectus coram
Majore securitatem facere noluerit, ipse
et omnia sua in voluntate communiæ,
salvo jure nostro, remanebunt, quousque
pacem creantaverit; et si nihil habuerit,
non intrabit castrum vel banleugam
Peronensem, et tanquam inimicus communiæ reputabitur, quousque ad satisfac-
tionem indè venerit.

VI

Si quis extraneus qui de communiâ non
fuerit, cum homine de communiâ mesleïam
fecerit infra banleugam, vicini sui de
communiâ eum juvare debent; quod si
non fecerunt, Major communiæ super eos
clamare debet dedecus illatum communiæ;
neque aliquis de communiâ de eo quod

chose, sy elle ne suffit au battu, il pourra
appeller celuy qui laura féru pardevant
nostre justice et eschevins de quelconques
choses quil vouldra selon leur droict jugement, et sy le camp est jugé il se fera en
nostre court ainsy quil doibt estre fait de
tout camp jugé.

V.

Sy aucun pour hayne ou pour rancune
ait aucun suspect, et il se plaigne au
maieur de la commune, il luy fera faire
asseurement receu premier le serment du
suspect, et sy le soupçonné de ceste hayne
ne veut faire asseurement devant le maieur,
il et toutes ses choses demeureront en la
volonté de la commune, sauf nostre droict,
jusques a tant qu'il aura chanté paix. Et
sil na rien, il nentrera au castel ou en la
banlieue de Péronne, mais sera réputé
ennemy de la commune jusques a tant
que de ce il viendra a satisfaction.

VI

Sy aucun estrange qui ne soit mie de la
commune faict meslée a un homme de la
commune dedans la banlieue les voisins
debveront aider icelluy de la commune et
au cas que ainsy ne feront le maire de la
commune doit sur iceulx clamer le blasme
qu'on auroit faict à celuy ny aucun de la

fecerit juvando hominem de communiâ in mesleïâ, emendam tenebitur facere, nisi hominem occiderit.

VII

Si quis cum aliquo infra justitiam communiæ mesleïam fecerit, Major accedens utrique pacem tenere jubebit ; et si neuter illorum pacem tenere voluerit pro Majore, et hoc duobus juratis vel duobus hominibus de communiâ constiterit, uterque decem libras dabit communiæ ; similiter qui mesleïæ interfuerit et præceptum Majoris de mesleïâ dirimendâ non fecerit, decem libras dabit communiæ.

VIII

Si aliquis Majori incedenti propter legem villæ faciendam dedecus fecerit, decem libras dabit communiæ.

IX

Si aliquis alicujus domum nisi per legem villæ assilierit, et ille, cui fiet assultus, assilientem se defendendo assultumque repellendo occiderit, nullam indè Majori vel communiæ faciet emendationem.

commune dé ce quil aura faict meslée en
aydant homme de la commune il ne sera
tenu de faire amende sil n'occit homme
en cette meslée.

VII.

Sy aucun faict meslée a aultruy dedans
la justice de la commune le maire commandera a faire paix a chacune partie, et
sy l'un ne l'aultre d'iceulx ne veut tenir
paix pour le mayeur, et il vient a la
cognoissance de deux jurez, ou de deux
hommes de la commune l'un et l'autre
payera dix livres a la commune semblablement qui sera a meslée et n'aura faict
le commandement du mayeur de laisser
la meslée il payera dix livres a la commune.

VIII.

Sy aulcun faict vilenie au mayeur allant
pour faire la loy de la ville il payera dix
livres a la commune damende.

IX.

Sy aulcun assault la maison daultruy
si ce n'est par la loy de la ville et ceulx
a qui l'assault sera faict occient l'assail-
lant en se deffendant ou en déboutant
l'assault, il ne sera de ce aucune amende
au mayeur ne a la commune.

X

Si aliquis dedecus alicui dixerit, et per testes legitimos convictus fuerit, quadraginta solidos dabit ad firmitatem villæ.

XI

Si quis aliquem per iram pulsaverit aut vexaverit, et super hoc testibus convictus fuerit, quinquaginta solidos persolvet in firmitatem villæ similiter convertendos; et si non fuerit convictus, coram Majore tertiâ manu se purgabit.

XII

Qui per iram ensem contra aliquem infra banleugam extraxerit, si Major de eo quærimoniam faciens testes habuerit legitimos, quadraginta solidos de illo habebit communia; et si Major testes non habuerit, accusatus tertiâ manu se purgabit.

XIII

Si quis alicui ponens insidias ipsum cœno vel luto involverit, Major et Jurati, veritate intellectâ à viris seu à fæminis, ipsum ad solutionem decem librarum communiæ compellent pro emendatione forifacti; si convictus fuerit salvo jure nostro, per judicium Scabinorum, aut

X.

Sy aucun dict vilanie a autruy, et il soit convaincu par vrais tesmoings il payera quarante solz a la fremette de la ville.

XI.

Sy aucun boutte ou sacque autruy par ire, et il soit convaincu par tesmoings, il payera cincquante solz a la fremette de la ville. Et sil n'est attainct par tesmoings devant le maieur il se purgera par tierce main.

XII.

Quiconques tire une espée sur autruy par ire en la banlieue, si le maieur faisant complainte ait bons tesmoings sur ce, la commune aura de celuy quarante solz, et sy le maieur na aucuns tesmoings, l'accusé se purgera par tierce main.

XIII.

Sy aucun mettant arrest a aultruy et il le touille en ordure ou en boue le maieur et les jurez enquis de la vérité des hommes ou des femmes contraindront icelluy faisant a payer dix livres a la commune pour l'amende du fourfaict sil y est convaincu, sauf nostre droict par jugement des eschevins, et luy conviendra payer les dix livres

illas decem libras intra quindecim dies
persolvet, aut villam relinquere oportebit;
et si villam interim post inhibitionem
intraverit et captus fuerit, uno membro
truncabitur; ille autem, qui hoc dedecus
factum fuerit, si voluerit quærimoniam
facere, poterit et Majori etJustitiæ nostræ, et justitia indè fiet ei.

XIV

Si quis alicui unum membrorum suorum abstulerit, et captus fuerit, tale
membrum sui corporis amittet, ita tamen
quod si, antequam de eo justitia fiet,
læso et parentibus læsi reconciliari potuerit, centum solidos communiæ dabit sine
membri amissione.

XV

Si aliquis cum latrocinio infra banleugam captus fuerit, Majori et Juratis reddi
debet; Major vero et Jurati per testes
eum judicare debent, et convictum in
pillorico poni facient; deinde justitiario
nostro vel justitiario castellani coram
Scabinis depositum reddent, et per hoc
Major et Jurati de fure liberi existent.

XVI

Qui vero per veram formam accusatus

dedans quinze jours ou laisser la ville, et sy depuis la deffence faicte il entre en la ville et il soit pris il sera tranché d'un membre, et sy celuy a qui le deshonneur sera faict sil veut faire complainte il le pourra faire au maieur et a nostre justice, et de ce justice luy sera faicte.

XIV

Sy aulcun oste à aultruy un de ses membres et il soit pris il perdra un tel membre de son corps qu'il aura osté a l'autre. En telle manière toutes fois que devant que justice soit faicte il se pourra réconcilier au blessé et aux parens du blessé et payera à la commune cent solz sans perte de membre.

XV

Sy aulcun est prins en la banlieue a tout larrecin il doit estre rendu au maieur et aux jurez, et lesd. maire et jurez le doibvent juger par tesmoings et icelluy convaincu faire mettre au pilory et depuis le rendre a nostre justice, ou au justicier du chastelain par devant eschevins et le rendre a toute le carche et par ce lesd. maire et jurez seront quittes du larron.

XVI

Qui sera accusé de larrecin par vraye

fuerit de latrocinio, per tres annos bannitus banleugam relinquet; et si interim
villam vel banleugam intrare præsump-
serit et captus fuerit, de eo fiet justitia,
tanquam de latrone.

XVII

Si quis infra ætatem aliquem casu occiderit, considerationi legitimæ Majoris et
Juratorum debet relinqui, utrum ille qui
infra ætatem fuerit, debeat pœnas solvere,
aut immunis à delicto remanere.

XVIII

Si homo communiæ super falso testi-
monio convictus fuerit, communiam
amittet, quousque per volontatem Majoris et Juratorum eam recuperet, servato
nobis jure nostro.

XIX

Si miles vel alius burgensi communiæ
debito teneatur obligatus, unde sibi die
statuto creantium suum non habuerit,
Majori et Juratis hoc debet ostendere, si
voluerit; quod si Majori et Juratis veritate
sufficiente constiterit, Major debet super
hoc militem convenire ut burgensi debi-
tum reddat, aut communiam villæ, credi-

renommée il sera banny trois ans de la
banlieue et sy entre moutiers il se présume
d'entrer en la ville et banlieue et il soit
pris justice sera faicte de luy comme d'un
larron

XVII

Sy aucun dessoubz aage occit aucun
aultre par fortune, il doit demeurer en la
vraye considération du maieur et des jurez
et sçavoir moult si celuy qui est dessoubz
aage doit porter peine ou demeurer quitte
du délict.

XVIII

Sy aucun homme de la commune est
convaincu de faulx tesmoignage, il perdra
la commune jusques a tant qu'il l'ait
recouvrée par volonté du maire et des
jurez, sauf en tout nostre droict.

XIX

Sy un cher ou autre est tenu de
debtes a un bourgeois de la commune
comme obleigé et il n'a mis son conte au
jour estably, il le doibt monstrer au mayeur
et aux jurez s'il veut, laquelle chose s'il appert vérité sufisante au mayeur et jurez, le
maire doit sur ce convenir le cher a ce
qu'il paye la debte au bourgeois, ou l'in-
terdire de la ville et de la commune et
du voisinage et de crédit. Et a ce le bour-

tionem et vicinagium interdicere ; ex tunc
autem burgensis de suo infra banleugam
poterit capere et extra banleugam per
justitiarium nostrum.

XX

Si autem miles vel alius conquestus
fuerit, quod burgensis de suo injustè
ceperit vel capi fecerit, per nostram vel
Castellani justitiam, recto judicio Scabinorum burgensis ille justitiabilis existet;
Major autem militem sive alium infra
villam adducere poterit, nisi à nobis vel
mandato nostro fuerit forbannitus, donec
coram Juratis à burgense illo Majori inhi-
bitum fuerit; si miles hominem feodatum
in communiâ habuerit, ipse homo in hos-
pitio suo eum recipere poterit ; sed nec
creditionem nec vicinagium ei faciet.

XXI

Si castellanus aut servientes nostri res
burgensium de communia violenter abstu-
lerint, res illas per plegium tenentur
recredere, et nos ad diem super hoc eis
statutum debemus Ballivium nostrum
transmittere, et eis jus exhibere secundum tenorem Chartæ nostræ, videlicet in
loco ubi placita communiæ solent teneri.

geois peut prendre les biens du chev.
dedans la banlieue s'ilz y estoient et dehors
la banlieue par nostre justicier.

XX

Sy un chevalier ou autre se complaint
qu'un bourgeois ait prins du sien injuste-
ment, ou faict prendre par notre justice
ou la justice du chastellain, icelluy bourgeois sera justiciable au jugement des
eschevins. Et le mayeur pourra icelluy
ch^{er} ou aultre amener dedans la ville s'il
n'est fourbanni par nous ou par nostre
mandement, jusques à tant qu'il sera
deffendu au maïeur d'icelluy bourgeois
par devant jurez, si icelluy chev. ait
homme de fief en la commune icelluy
fiefvé le pourra recevoir en son hostel,
mais il ne luy sera fait ne crédit ne voisinage.

XXI

Sy le chastellain ou nos sergens aient
osté violentement les choses des bourgeois de la commune, ils sont tenus de
recroire icelles choses par pleige. Et nous
debvons sur ce à jour préfix et establi à
eux envoyer nostre bailly et à iceulx faire
droit selon la teneur de nostre chartre.

C'est à sçavoir au lieu où les plaidz de
la commune soulent estre tenus.

XXII

Concedimus autem et volumus, ut nullus de communiâ Peronensi, vel res eorum pro debito alterius arrestentur, de quo non fuerit debitor vel plegius.

XXIII

Si quis crucem dominicam, sepulchrum domini visitaturus, acceperit, occasione crucis non remanebit, quin eum oporteat jura et consuetudines communiæ observare secundum facultatem suam, prætereaque secum deferet in servitium Dei: quilibet homo legitimus, nisi servus fuerit, si in communiam venerit et ibi manere voluerit, licitum erit ei, ut consuetudines communiæ observet salvis redditibus et pecunia, si super his erga nos vel alios, priusquam communiam intraverit, teneatur obligatus.

XXIV

Si quis aliquam per vim oppresserit, per legem Scabinorum debet convinci, salvo jure nostro, quod in raptu habemus; et si de voluntate illius et parentum suorum eam voluerit ducere in uxorem, bene liceat ei; si autem infra communiam

XXII

Nous voulons aussy et octroyons que aulcun de la commune de Péronne ou leurs choses ne soient arrestées pour debtes d'aultruy duquel toutefois ilz n'aient esté debte ou plaige.

XXIII

Sy aulcun pour cause de visiter le sépulchre de notre seigneur ait prins le signe de la Croix, il ne demeurera pour occasion de ceste Croix qu'il ne luy convienne garder les droictz et les coustumes selon la faculté, avec tout ce tout homme loyal qu'il porteroit avec lui au service de Dieu s'il n'estoit serf. S'il vient en la commune et la il veuille demeurer il luy sera loisible a ce qu'il garde les coustumes de la commune sauf les revenus et la pécune s'il n'est tenu comme obleigé envers nous ou autres, ains qu'il entre en la commune.

XXIV

Sy aucun oppresse aucune par force, il doibt estre convaincu par la loy d'eschevins, sauf nostre droict que nous avons en ravissement. Et sy de la volonté d'icelle ou de ses parens il la veut avoir a femme, il luy loit bien a l'avoir. Sy icelluy

captus non fuerit, per septem annos for-
banniri debet.

XXV

Quicumque uxorem alterius hominis
infra banleugam manentis abduxerit, per
septem annos bannitus villam relinquet;
si postea redeat reconciliatus, res hominis
illius, quas cum muliere absportavit, ex
integro ei restituet.

XXVI

Pascua, herbagia, aquæ communes
ejusdem sint amplitudinis, cujus bona
patriæ veritas per juramentum dixerit ea
fuisse tempore Comitis Flandriæ et nostro.

XXVII

Cum Major et Jurati et cæteri homines
communiæ pro negotiis villæ agendis per
castrum ierint, quicumque alicui eorum
dedecus dixerit, quadraginta solidis illud
communiæ emendabit; ille vero, cui con-
vicium dictum est, si clamorem fecerit,
justitia fiet ei.

XXVIII

In communiâ Peronensi singulis annis
in nativitate sancti Joannis Baptistæ ins-
tituentur novi Major, Jurati et Scabini
hoc modo: duodecim majoriæ ministro-

oppressant n'est pris dedans la commune il doibt estre banny par sept ans.

XXV

Quiconque ostera la femme d'aultre homme demeurant dedans la banlieue il doibt estre banny sept ans de la ville. Et sy depuis il repaire comme réconcilié il doibt restituer a icelluy toutes les choses qu'il avoit emporté avec sa femme.

XXVI

Les pasturages, les herbages, les eaues communes soient d'icelle mesme grandeur que la bonne vérité du païx dira par serment avoir esté au temps du Comte de Flandres et au nostre.

XXVII

Sy le mayeur et les jurez et les autres hommes de la commune vont par le castel pour la besongne de la ville, quiconques dira honte à aucun d'eux il payera quarante solz à la commune et celuy à qui la honte est dict se clame on lui en fera justice.

XXVIII

En la commune de Péronne, chacun an le jour de Saint Jean-Baptiste seront establis nouveaux mayeur, jurez et esche-

rum de propriis ministris super sacramentum suum eligent viginti quatuor homines de probioribus et magis legitimis,
scilicet de singulis majoriis duos; illi
autem viginti quatuor similiter super
sacramentum suum eligent decem Juratos de probioribus et magis legitimis hominibus villæ, neque aliquis illorum
viginti quatûor in illo anno poterit esse
Major vel Juratus, vel Scabinus, nec
electores Juratorum in anno proximo
sequenti esse poterunt; prædicti vero
decem jurati electi super sacramentum
suum eligent alios decem de probioribus
et magis legitimis hominibus vil'æ; illi
vero viginti eodem modo eligent alios
decem: de illis autem triginta juratis
electis ipsi super sacramentum suum eligent unum in Majorem et septem in
Scabinos, et in numero illorum triginta
juratorum non eligentur aliqui qui se
contingant lineâ consanguinitatis amplius
quam duo in altero, si fieri potest; si vero
non potest fieri, duo tantum consanguinei,
qui vulgo cognati germani appellantur.

XXIX

Veteres autem Major et Jurati et Scabini illis, qui de novo sibi substituentur,
reddent rationem et computum de talliis
villæ, et negotiis illius anni.

vins par ceste manière. Douze de la mairrie des mesliers esliront par leur serment
vingt-quatre hommes des plus preudhô-
mes et des plus loyaulx, c'est à sçavoir
de chacune mairrie deux Et ceulx XXIV
sur leur serment esliront dix jurez des
plus preudhommes et des plus loyaulx
hommes de la ville et aucuns d'iceulx
vingt-quatre ne pourront en cest an estre
maire, jurez, ne eschevins, ne ils ne pourront estre en l'an suivant, eslecteurs des
jurez en l'an prochain ensuivant. Et dix
jurez devant dict esleuz sur leur serment
esliront dix des plus preudhommes et des
plus loyaulx hommes de la ville. Et
iceulx ces vingt esleuz esliront aultres dix
jurez. Ces trente par leur serment esliront l'un un mayeur et sept échevins. Et
au nombre de ces trente jurez ne seront
aucuns esleuz qui satiengnent en ligne
de consanguinité plus que deux ny autre,
s'il se peut faire; s'il ne se peut faire
deux cousins germains tant seulement y
peuvent estre appelez.

XXIX

Les vieilz maire, jurez et eschevins
rendront raison et compte, a ceulx qui de
nouvel seront establis, des tailles de la
ville et des besongnes de cest an.

XXX

Cum autem Major et Jurati talliam facient pro negotiis villæ, illam facient per consilium sex hominum, quos Majores ministrorum per juramentum suum eligent.

XXXI

Fiet autem super homines de communiâ et in communiâ manentes, et hæreditates eorumdem, et super pecunias ipsorum, ubicumque fuerint, sine forifacto.

XXXII

. Tallia vero servabitur ab illis sex hominibus et sex Juratis quos Major et Jurati ad hoc apponent, et illam servabunt super juramentum suum; de illa etiam illi duodecim reddent rationem, et computationem facient Majori et Juratis; jurabunt etiam illi non jurati deputati ad custodiam talliæ, quod suppressum et secretum habebunt consilium majoris et juratorum, nec anno sequenti illi duodecim talliam servabunt.

XXXIII

In omnibus emendationibus forifactorum, nos et Castellanus Peronensis habebimus portionem nostram, sicut hactenus habuimus.

XXX

Comme maire et jurez facent tailles pour les besongnes de la ville ilz les fassent par conseil de six hommes, lesquels les maires des mestiers esliront par leur serment.

XXXI

Ceste taille se fera sur les hoês de la commune et demeurans en la commune sur leurs b:ens, sur leurs héritages et sur leurs pécunes, où qu'ils soient sans meffaire.

XXXII

Ceste taille sera gardée par ces six hommes et par six jurez, que les mayeur et jurez y commetront, et la garderont par leur serment, et de ceste taille rendront ces douze raison et compte au mayeur et aux jurez, jureront aussy ces députtez à la garde de ceste taille qu'ilz garderont, et auront enserré le conseil du mayeur et jurez, et en l'an ensuivant ces douze ne garderont mie la taille.

XXXIII

En toutes amendes et fourfaictz, nous et le chastellain de Péronne avons nostre portion, sy comme nous avons eu jusques a maintenant.

XXXIV

Nullus poterit emere hæriditatem alterius, justitiabilem per Scabinos, quin hæreditas illa remaneat justitiabilis per Scabinos.

XXXV

Similiter aliquis alterius hæreditatem per Scabinos justitiabilem in eleemosinam recipere, et tenere plus quam per annum et diem non potest, nisi de ea se fecerit justitiabilem vel eam in manu posuerit per Scabinos justitiabilem.

XXXVI

Volumus etiam ut in villis infra banleugam suam constitutis, eamdem habeant justitiam quam ibi hactenùs habuerunt; et si aliquem per forifactum suum juste banniverint, Ballivius noster præcipiet ne ille recipiatur infra banleugam ; quod si post inhibitionem ejus in banleugâ inventus fuerit, eum per ballivium nostrum capere poterunt.

XXXVII

Omnes insuper legitimas et rationabiles consuetudines, quas burgenses Peronenses hactenus tenuerunt, eis concedimus, et volumus ut eas observent, sicut hac-

XXXIV

Nul aussy ne pourra achepter héritage d'autre, justiciable par eschevins que icelluy héritage ne remeine justiciable par eschevins.

XXXV

Aussy, aucun ne peut tenir ni recevoir en don d'aulmosne héritage justiciable par eschevins plus que an et jour, s'il ne s'en faict justiciable ou met en mains justiciables par eschevins.

XXXVI

Sy voulons aussy que ès villes assises dedans la banlieue ilz aient ceste mesme justice qu'ils ont eu jusques à hore, et s'ilz ont aucun banny justement pour son forfaict, nostre bailly commandera qu'il ne soit receu dedans la banlieue, et si depuis la deffence il est trouvé dedans la banlieue ilz le pourront prendre par nostre bailly.

XXXVII

Touttes les loyalles et raisonnables coustumes que les bourgeois de Péronne ont tenu jusques à hore, nous leur octroyons et voulons qu'ilz les gardent, sy comme jusques à hore les ont gardées

tenus servaverunt per legitimam recor-
dationem Majoris et Juratorum, salvo in
omnibus jure nostro et ecclesiarum nostrarum et Castellani Peronensis : quæ ut
perpetuæ stabilitatis robur obtineant,
sigilli nostri authoritate et regii nominis
caractere inferiùs annotato, salvo in omnibus et ubique jure nostro et sanctæ
ecclesiæ Dei et Castellani Peronensis, præ-
sentem paginam confirmavimus.

Datum Parisiis anno incarnationis domini millesimo ducentesimo nono, regni
nostri anno tricesimo, astantibus in
palatio nostro quorum nomina supposita
sunt et signa; dapifero nullo :

> Sign : Guidonis, buticularii.
>   Barth., camerarii.
>   Droconis, constabularii.

Datum vacante cancellaria per manum
fratris Garini.

~~~~~~~~~

par la vraye recordation et loyaulté des
maieur et jurez, sauf en toutes choses
nostre droict, et de nos églises et du chastellain de Péronne, lesquelles choses à ce
que perpétuellement obtiennent vigueur,
nous avons scellé du scel de nostre authorité et du caractère de nostre royal
nom cy-dessoubz denotté. Sauf en tout et
par tout nostre droict et de la Saincte
Eglise de Dieu et du chastellain de Péronne. Nous confirmons ceste présente
baille, donné à Paris l'an de l'incarnaôn
mil deux cens et neuf, et de nostre règne
le trentiesme, en estant en nostre palais
ceulx desquelz les noms sont sur posez.

Signé : en l'absence du Sénéchal,
Guidon, bouteiller,
Barthélemy, camérier,
Drocon, connétable.

Donné en la chancellerie vaccante, par
la main de frère Guarin.

CARTÆ

REGIS CAROLI QUINTI

MODIFICATIONES

ANNO 1368

———

CUM IGITUR DICTA communia certis justis
de causis diù et regio fuerit acquisita et
applicata domanio, ipsamque carissimus
dominus genitor noster et nos diù tenue-
rimus, nuperque ad dilectorum et fidelium
nostrorum burgensium et habitatorum
dictæ villæ peronensis requirentium cum
iterata plures instantia ut nos eamdem
communiam restituere dignaremus eisdem
informationem fieri fecerimus ex ipsius
serie precepturi si et quod damnum
potuisset nobis ex restitutione hujus modi
vel commodum imminere.

Nos visa et diligenter attenta informa-
tione prœdicta et habita super contentia
in ea nostri consilii deliberatione matura
litteras supra scriptas quas in thesauro
cartarum nostrarum Parisiis fecimus
retineri et contenta in eis rata habentes
et grata, et ea laudantes et tenere pre-

MODIFICATIONS

APPORTÉES

PAR LA CHARTE DU ROI CHARLES V

1368

Comme ladicte commune par certaines et justes causes fust acquise et applicquée au domaine royal et icelle nostre très cher sire et père et nous l'ayons longuement tenue, naguères à la reqᵗᵉ de nos amez et féaux les bourgeois et habitans de lad. ville de Péronne requist à grande instance qu'icelle commune daignons rendre et restituer, Nous ayons commandé à faire informaôn de l'ordonnance d'icelle sy quel dommage et quel profict il nous pouvoit encourir de restituôn d'icelle commune. Nous veu et attendu deligence et l'informaôn devant dicte, et eu sur le contenu d'icelle meure délibéraôn de nostre Conseil, les lettres dessus escriptes lesquelles nous avons faict retenir à Paris au trésor de nos chartres, et le contenu en icelles ayant ferme et agréable, et icelles louans et approuvans et de nostre

sentium authoritate nostra regia et certâ
scientiâ confirmantes, communiam prædictam tenendam et observandam in
forma et continentiam prœscriptarum
litterarum cum universis et singulis ju-
ribus et possessionibus, censibus, redditibus, emolumentis et commodis ad ipsam
pertinentibus, quos, quas et quæ dicti
burgenses et habitatores habebant et
quibus utebantur tempore quo dicta
communia fuit nobis ut prædicitur acquisita, eisdem burgensibus et habitatorib.
concedimus de nostra scientiâ et authoritate prædictis cum exceptionibus et modificationibus quæ sequuntur, *Videlicet :*

I

Quod domus cujuscum homicidæ de qua
diruenda fit in prima clausula dictarum
litterarum mentio pp[ter] hoc crimine diruetur nec mittetur ad havot. Sed in signum
atque memoriam comissi delicti et acqui-
sitæ seu confiscatæ nobis propter hoc
domus prædictæ volumus ibi ignem poni
palam et publice vel aliud notabile
signum fieri absque tamen ulla damni-
ficatione domus prædictæ, nec etiam
homicida vel interfector prædictus eva-
dens castrum peronense vel banleugam
ingredi poterit nisi gratiâ et remissione

certaine science et authorité royalle con-
firmans par la teneur de ces présentes
lad. commune, selon la forme et la contenance des lettres prescriptes selon la
forme et l'observance d'icelles avec tous
les droitz vins et singulières possessions,
cens, rentes, émoluments et proffictz
appartenans à icelle commune lesquelz et
lesquelles et que lesd. habitans et bourgeois avoient, et desquelz ils usoient au
temps que ladicte commune fust comme
dessus est dict à nous acquise à iceulx
bourgeois et habitans, Nous l'octroyons
de nostre science et authorité devant
dicte avec les exceptions et modificaôns
qui s'ensuivent, c'est à sçavoir :

I

Que la maison de quelque homicide de
laquelle en la première cause desd.
lettres estoit faicte mention quelle fust du
tout destruicte pour ce cas elle ne le sera
mie ne mise à havot, mais en signe et
mémoire du délict perpétré, et acquise ou
confisquée à nous, pour ce Nous voulons le
feu estre mis publicquement et manifes-
tement en la maison ou aucuns signes
notables estre faictz sauf toutes voyes et
dommaige de la ville et de la maison. Et
aussy ne pourra led. homicide ou occiseur

facti veritatem continentibus regia authoritate secutis. Nec etiam tunc quousque
parentibus interfecti reconciliatus fuerit et
emendam decem librarum communiæ
dederit, ut in eadem clausula conti-
netur.

II

Et excepta clausula seu articulo inserto
in supra scriptis litteris sub his verbis :
Si quis extraneus qui de communia non
fuit, cum homine de communiâ mesleiam
fecerit intra banleugam vicini sui de
communia eum juvare debent, quod si
non fecerint major communiæ super eos
clamare debet decus illatum communiæ
neque aliquis de communia de eo quod
fecerit juvando hominem de communiæ
in mesleiam, emendam tenebitur facere,
nisi hominem occiderit. Quam siquidem
clausulam modificari volumus et concedimus in hunc modum, *Videlicet* :

III

Quod vicini illius vel illorum de communia cum quo vel quibus extranei a
communia fecerint mesleiam ad illius vel
illorum de communia defensionem et
tuitionem insistere ne sibi irrogetur
injuria et adducendum factæ jam injuriæ

dessus dit eschappant entrer au castel de
Péronne ou banlieue sans nostre grâce et
remission du faict, et de nostre authorité
royalle contenant vérité, ny aussy sans
reconciliaôn des parens du mort et
l'amende de dix livres parisis payées à
lad. commune comme il est contenu en
ladicte clause.

II

Et excepté la clause ou l'article incor-
poré ès lettres escriptes sur ces paroles,
Sy aucun estranger qui ne soit mie de
la commune faict meslée à un homme de
la commune dedans la banlieue sy les
voisins de la commune lui doibvent ayder,
s'ilz ne le font, le maire de la commune
doit sur eux clamer le déshonneur faict à
la commune ny aucun de la commune de
ce qu'il aura faict en aydant l'homme
de la commune en meslée ne sera tenu
de faire amende s'il n'occit homme, laquelle clause nous voulons modifier et
octroyons en ceste manière, c'est à sçavoir :

III

Que le voisin de celuy ou de ceulx de la
commune avec lequel ou lesquelz l'estrange de la commune ait faict meslée à
la défension ou à la tuition de celuy ou
de ceulx à qui l'injure sera faicte, ils

illatores ad majorem puniendos juxta sui
qualitatem excessus poterunt et debebunt.
Quod si dicti vicini de communia in hiis
excesserint dictos extraneos enormiter
sauciando, vel aliter præmissa valentes
absque vuluere, vel læsione exequi hujus
terminationem majoris arbitrio duximus
relinquendum exceptis insuper verbis
positis versus finem articuli incipientis.

IV

Si quis alicui ponens insidias, quæ si
quidem verba sunt hæc : et si villam
interim post inhibitionem intraverit et
captus fuerit uno membro truncabitur,
et excepta clausula quæ paulo post inse-
ritur in hunc modum : si quis alicui
unum membrorum suorum abstulerit et
captus fuerit tale membrum sui corporis
amittet. Ita tamen quod si antequam de
eo justicia fiet, læso et parentibus læsi
reconciliari potuerit, centum solidos communiæ dabit sui membri amissione,
quam si quidem clausulam sic modificari
volumus.

V

Quod si quis alicui alterum membrorum
suorum amputaverit dicti majoris con-
sulti plenario super facti qualitate arbitrio

pourront résister et amener les malfaicteurs de l'injure au mayeur pour iceulx
punir selon la qualité du meffaict. Et sy
les voisins de la commune excèdent en ces
choses énormément les estrangers en
navrant ou autrement voulans ensuivre
les choses avant dictes sans plaie ou
lésion la déterminaôn de ceste chose nous
la mettons en la franchise du mayeur,
excepté les paroles mises en la fin de
l'article commençant.

IV

Sy aucun à aucun met embusches avec
lesquelles paroles sont cestes : et sy depuis
la deffence faicte il entre en la ville et il
soit prins on luy taillera un membre, et
excepté la clause que un peu après est in-
corporée en ceste manière : sy aucun oste
à autruy un membre et il soit prins il perdra un tel membre de son corps toutesfois
en telle manière qu'il se pourra réconcilier
au blessé et au parent du blessé devant
que la justice soit faicte de luy il payera
cent sols parisis à la commune sans perte
de membre, laquelle clause nous voulons
ainsy modifier.

V

Que sy aucun couppe à aucun un de
ses membres il soit puni selon la qualité

puniatur. In quibus sic ut prædicitur
exceptis, modificaoês præscriptas sequi et
observari volumus, cœtera quæ in eis dictarum modificationum contrarietatem vel
diversitatem inducunt nullius decernentes
esse efficaciæ et valloris sed ipsa ex
prædictis litteris delemus et penitus abo-
lemus.

VI

Et quia decrescentibus habitatoribus
dictæ villæ, minui debeat et numerus
ministrorum, volumus ut loco duodecim
majoriæ mesteriorum qui debebant eligere
viginti quatuor, sint et sufficiant sex dun-
taxat qui habeant eligere duodecim loco
viginti quatuor prædictorum. Quodque illi
duodecim eligant quinque juratos et illi
quinque alios quinque, et illi bis quinque
alios etiam quinque. Et illi quindecim
sicut prædicitur trina electione assumpta
unum eligant in majorem et septem in
scabinos : cœteris modis et conditionibus
superius appositis in clausula quæ de electis hujusmodi loquitur. In duplo majore
numero scabinis exceptis in suo robore
duraturis. Ipsi vero scabini cùm sic creati
fuerint promittent prœstito juramento
præposito n^{ro} peronensi vel ejus locum
tenenti, quam cito ipsorum vel alterius

du méfaict selon l'ordonnance du mayeur
bien conseillé pleinement sur le faict,
esquelles choses ainsy comme dit est
exceptées, nous voulons observer et insi-
nuer les modifications prescriptes toutes
les autres choses qui induisent contrariété
n'ont besoing en elles de diverses modificaôns. Nous les discernons estre de nulle
valeur, mais icelles desd. lettres du tout
en tout défaisons et abolissons comme
nulles.

VI

Et pour ce que les habitans, bourgeois
et submanants de lad. ville se menuissent
de jour en jour, doit estre diminué le
nombre des mestiers. Nous voulons que
au lieu de douze de la mairrie des mestiers qui doibvent eslire vingt-quatre,
soient et suffisent six tant seulement qui
ayent à eslire douze hommes au lieu de
vingt-quatre devant dicts, et que ces
douze esliront cinq jurez et ces cinq aultres cinq, et ces deux fois cinq aultres
cinq, et ces quinze comme dessus est dict
prins par triple eslection, en eslisent un
en mayeur et sept en eschevins selon les
manières et conditions dessus admises,
vu la clause que la parole des esleus en
ceste manière en double grand nombre
excepte les eschevins à demeurer en leur

eorumdem poterunt habere præsentiam
quod officium suum fideliter facient et
exercebunt super nostra semper regia et
successorum nostrorum vera obedientia
et fidelitate manentes.

VII

Concedimus etiam et volumus ut major
electus uno anno, illo completo possit
iterum anno sequenti in majorem eligi,
et quandiu electores ad quos pertinuerit
prout pro utilitate regiminis dictæ villæ
viderint expediri.

VIII

Quodque dictus major possit bis in sep-
timana placita sua tenere in dicta villa
vocatis juratis, et recipere et habere tales
et similes emendas quales recipiebantur
per præpositum nostrum prœdictum communia nobis ut prædicitur acquisita.

IX

Videlicet pro defectu curiæ duos solidos,
sex denarios par., pro iterata querimonia
defectus solutionis duos solidos et sex
denarios par., et pro quolibet facto pro-
posito coram eo, in quo succumbet altera
partium duos solidos et sex denarios par.

vigueur, et ceulx eschevins ainsy créez
prometteront par serment à nostre prévost de Péronne ou à son lieutenant, aussy
tost qu'eux ou l'un d'eux pourront avoir
la présence que leur office ils feront
loyalement, exerceront loyalement demeurans tousjours sur nostre royale
vraye obédience et loyaulté de nous et de
nos successeurs.

VII

De rechef nous octroyons et voulons
que le Maire esleu pour un an, icelluy an
complet puisse en l'an suivant de rechef
estre esleu Maire et quand iceulx eslisans
à qui il appartiendra le verront expédier
selon et pour le proffict du gouvernement
de lad. ville.

VIII

Et que le mayeur puisse tenir ses plaidz
deux fois en la sepmaine en lad. Ville,
appellez jurez avec luy et recevoir et avoir
telles et pareilles amendes qui estoient
reçeües par nostre dict prévost, lad. commune acquise à nous comme il est dict.

IX

C'est à sçavoir pour deffault de court
deux solz et six deniers parisis, pour la
complainte faicte par faulte de paye deux
sols et six deniers parisis. Et pour chacun

X.

Omnes igitur emendas prœdictas cœtera
que emolumenta et commoda prove-
nentia et etiam proventura quomodolibet
ex promissis in reparationem fortifica-
tionis et fortalitii villæ peronensis nunc
ordinate teneri et non alibi converti
volumus. Et etiam ordinamus ad quod
dicti major et scabini burgenses et habitatores et sui successores perpetuo tenebuntur. Quodquidem fortalitium quo ad
residuum sumptuum ad hoc necessa-
riorum repari et reparatum in statu
securæ deffensionis teneri volumus perpetuo modo et forma quibus ante confis-
cationem dictæ communiæ erat fieri
consuetum. Et solvent dicti burgenses et
habitatores et solvere tenebuntur nobis et
successoribus nostris et aliis ad quos
pertinuerit redibentias et donaria quas
et quæ debebant et tenebantur solvere
tempore quo prædictam communiam
habebant.

XI

Qua propter damus tenore presentium
in mandatis baillivo et receptori Verman-
densi et preposito peronensi, cœteris que
justiciariis nostris presentibus et futuris

faict proposé devant luy auquel l'une des
parties sera condamné par luy deux sols
et VI den. parisis.

X

Toutes icelles amendes avant dictes et
tous autres émolumens et profficiz ,
venans et advenir comment que ce soit
des choses dessus dictes, nous les voulons
et aussy ordonnons estre converties en la
réparation, fortificâon et forteresse de la
ville de Péronne aux endroictz ordonnés
et non ailleurs, à laquelle chose lesd.
maieur et eschevins, bourgeois et hâns
et les successeurs seront tenus perpétuellement, lequel fort quant au remanant
des dépens à ce nécessaires voulons estre
tenu réparer et répare en estat de deffenses
seures perdurablement par la forme et
manière qu'il estoit accoustumée destre
faict devant la confiscâon d'icelle commune. Et payeront nos bourgeois et hâns
et seront tenus de payer à nous et à nos
successeurs, et aux autres auxquelz il
appartiendra les redevances et les deniers
lesquelz ils devoient et estoient tenus de
payer du temps qu'ils avoient lad. commune.

XI

Pour lesquelles choses nous donnons en

8

vel eorum loca tenentibus et eorum quilibet (?) et ad eum pertinuerit, quatenus
dictos burgenses et habitatores dicta
communia et nostra concessione presenti,
modiis exceptionibus et modificationibus
prædictis uti faciant et promittant non
molestam ipsos super prœmissis vel aliquo
præmissorum in contrarium aut turbantes.
Quæ ut firma et stabilia perpetuo perse-
verent nostrum præsentibus litteris fecimus apponi sigillum, salvo in aliis jure
nostro et in omnibus quolibet alieno.

Datum parisiis vigesimo octavo die
januarii, anno d^{ni} millesimo trecente-
simo sexagesimo octavo, regnique nostri
quinto.

Et signatum per regem in suo consilio
Yvo, et sigillatum lacu bumbicis rubræ
et viridis magno sigillo ceræ viridis.

mandement par la teneur de ces présentes
au bailly et au receveur de Vermandois
et au prévost de Péronne et à tous nos
autres justiciers présens et advenir ou à
leurs lieutenans et à chacun d'eux ainsy
que à luy appartiendra que lesd. bourgeois et habitans de lad. commune de
nosd. moiens, exceptions et modificâons
devant dictes et de nostre présent octroy
fassent et soufrent user en iceulx non
molestant sur les choses devant dictes ou
en troublant sur aucun d'icelles en contraire. Lesquelles choses à ce que fermes
et stables elles demeurent perpétuellement, Nous avons faict mettre nostre scel
à ces présentes lettres sauf en tout nostre
droict et en tous tout autruy droict. Donné
à Paris le vingt huict^{me} jour de janvier
l'an de nostre Seigneur mil trois cens
soixante-huict et de nostre règne le
quint. Par le Roy en son conseil par
dup^{ta}.

Signé: PROVILLA.

(Collation du 23 may 1634).

CHARTE

TOUCHANT LA JUSTICE ESTRELAGE ET
AULTRES CHOSES (1336).

A tous ceux qui ces présentes lettres verront et
orront JEAN GALLIANT, Warde du scel de le bailly
de Vermandois, estoli (établi) de par le Roy à Péronne, salut :

Sçachent tous que nous avons vu lettre scellée
du scel le Roy nostre sire en cire verte et en las
de soye contenant la forme qui s'ensuit :

PHILIPPES par la grâce de Dieu roy de
France scavoir faisons à tous présens et
advenir que comme le maire et les jurez
de nostre ville de Péronne pour lad. ville
et pour leur commune se fussent traict
pardevers nous et monstré en complaignant que pour les grandes misers et
charges que lad. ville a de piéça (1) soustenu tant pour les guerres de Flandres,
comme pour les subsides des chevalleries,
mariages et aultres subventions que il

---

(1) De piéça, c'est-à-dire jadis.

leur a convenu payer ès temps passez a
nos devantiers, lad. ville estoit des-
cheue amoinssie et empirée de deux
partes de la valeur d'icelle, selon l'estat
auquel elle avoit esté au temps ancien,
et estoit aussy comme déserte de marchandises tant pour les causes dessus
dictes comme pour ce que plusieurs
domaines revenus redevances et coustumes que nous avions en ladicte ville,
lesquelles estoient baillées a cense d'an
en an. C'est a sçavoir tout ce que on
appelloit la justice et estrelage (1) que
tenoit à cense Le Chaisne, la prévosté de
Soibotécluze que tenoit a cense Jean
Notiné, l'eaue sçéant devant le port de
nos moulins que on appelle l'eaue du
port Le Roy que tenoit à cense Pierre
Gardiens, le partage de la rue de Bretaigne que tenoit Pierre Le Clerc, et une
coustume que on appelle la *fouée le
Roy* (2) que tenoit à cense Jean Fustiens,
èsquelles censes dessus dictes estoient
enclavées et comprises plusieurs revenus,
redevances, et coustumes, lesquelles ou
partie d'icelles estoient préjudiciaulx et
grevables à lad. ville, à ceux du pays

(1) Le *strelage*, du mot *sestarium* ou setier.
(2) Droit sur le bois.

d'entour et aux marchandz de dehors,
parce que les censiers ou fermiers qui les
avoient tenu et tenoient, les avoient
levées et levoient excessivement et contre
raison, et par les griefs et extorsions que
ilz y avoient faict et faisoient de jour en
jour, les marchandz et les gens du pays
avoient essongné et délaissé lad. ville en
telle manière que sy remède ny estoit
mis la ville estoit en péril de demeurer
gasté et déserte. Et nous de perdre partie
de ce que nous avions pour droict es
choses dessus dictes, sy comme lesdictz
maire et jurez disoient supplians a nous
que sur ce leur vosissions pourveoir de
remède gracieux et convenable tant pour
nostre proffict comme pour le proffict du
pays et pour ladicte ville repeupler et
reformer de marchandise, et requérans
comme par aultres voyes ladicte ville
ne pouvoit bonnement estre reformée,
que sceu tout avant que se fust nostre
proffict nous les choses dessus dictes fas-
sions faire priser et évaluer à juste prix
selon ce qu'elles pourroient valloir chacun an héréditablement, et que pour tel
prix comme il seroit regardé que elles
nous pourroient valloir par an, ou pour
tant comme elles estoient baillées à cense,
nous leur vosissions bailler et octroyer
héritablement a tousjours lequel prix

seroit doresenavant d'an en an payé à
nous et à nos successeurs ; et que pour
les bonnes gens et les marchandz de
dehors atraire et faire venir en lad. ville,
et pour icelle repeupler et réformer de
marchandise, le maire et les jurez de lad.
ville, ou ceulx qui a ce seroient establi
pensent quitter et remettre sans méfaict
telles portion ou partie desd. revenus,
redevances et coustumes comme ils verroient que pour ce, et à ce faire, seroit
profitable à la réformation de lad. ville,
et au proffict des gens d'icelle et de ceux
du pays d'entour ; et le surplus des choses
dessus dictes lever et prendre à leur
profficl selon les coustumes et usages
anciens ou en menor (1) valeur que elles
ne valent, vauldront ou ont valu, ou faire
ordonnance sur ce, sans icelles accroistre
tels comme ilz verroient que bon seroit a
faire pour ladicte ville repeupler et réformer de marchandise. Et pour ce eussions
mandé à nos amez et féaux gens de nos
comptes à Paris que les req^{tes} desd. maire,
jurez et commune lesquelles nous leur
envoyasmes soubz le scel de nostre secret
veissent et examinassent diligem^{t} et sur
ce feissent et octroyassent ce que il leur

(1) Moindre.

sembleroit à faire à nostre proffict et de
raison, et après ce, fust mandé et commis
de par nous par nos lettres à nostre
baillife et receveur de Vermandois que
bien et diligemment ils s'informassent,
appellez ceulx qui seroient a appeller, de
toutes les choses contenues esdictes
requestes et du proffict ou dommage que
nous pourrions avoir, si nous octroyons
ce que lesd. maire et jurez et commune
requerroient, et de toutes les circons-
tances faisans à ce et l'informaôn quand
faicte l'auroient renvoiassent à nosd.
gens soubz leurs sceaux encloses, par
quoy ilz en peussent sur ce octroyer, et
faire ce qu'il leur sembleroit qui peut
estre faict à nostre proffict.

Laquelle information sur ce faicte et
parfaicte par nos dictz baillif et receveur
et renvoyée enclose soubz leurs sceaux à
nosd. gens des comptes, pour ce que ils
dilayèrent ou retardèrent à ladicte information veoir, et sur icelle ordonner selon
ce que autres fois mandé leur avions,
pour l'occupation de nos aultres grandes
besoignes, lesdictz maire et jurez pour
eux et pour leur commune se trairent
par devers nous et impétrèrent nos L^{res}
contenans la forme qui s'enssuit :

Philippes par la grâce de Dieu roi de
France a nos amez et féaux gens de nos

comptes à Paris salut et dilection. Comme
le maior les jurez et la commune de
nostre ville de Péronne se soient pieça
traict pardevers nous en complaignant,
et disant que pour ce que tant pour les
frais que eux ont de pieça soustenu tant
pour les guerres de Flandres que pour les
subsides que eux ont de temps passé payé
a nos devanciers pour mariages et cheva-
leries comme pour ce que plusieurs censiers et fermiers a qui ont esté donnez es
temps passez plusieurs censes et revenus,
c'est a sçavoir moulins, estrelages des
grains, tonnelieux, estalages et plusieurs
autres menues redevances ou coustumes
que nous avons en lad. ville, desquelles
Fursy Le Chaisne tient de nous a cense a
présent la greigneure partie et esquelles
sont levées sur les personnes et marchandz
de dehors venant en lad. ville, plusieurs
coustumes ont icelles levées et lèvent de
jour en jour excessivement contre raison
et contre ce que il a esté accoustumé de
long temps et lad. ville est presque toute
gastée et déserte de marchandise, et en
délaissent les gens et les marchands du
dehors a venir en ladicte ville en telle
manière que les choses demeurassent en
cest état, lad. ville dedans brief temps
demeureroit gastée et déserte et sy seroit
nostre droict péry en ce, sy comme lesd.

maire et jurez dient supp^ans a nous et
pour nostre proffict si comme eux disoient
et aussy pour lad. ville repeupler et
reformer de marchandise, que sera avant
toute œuvre que ce fust nostre proffict
feissions sçavoir véritablement par juste
et sufisante information que toutes ces
choses pourroient valloir a nous chacun
an héritablement et pour tel prix lequel
seroit doresenavant rendu et payé de eux
chacun an héritablement à nous et a nos
successeurs leur vosissions donner et
octroyer afin que de ces choses ils peussent remettre et pardonner partie sans
rien lever doresnavant, et de l'autre
partie faire ordonnance, ou lever en
moindre valeur sans accroistre pour ladicte
ville repeupler et réformer de marchandise. Et lesd. req^tes faictes à nous sur ce,
nous vous ayons envoyées encloses soubz
le scel de nostre secret, et mandé que sur
icelles feissiez enquérir et sçavoir la
vérité, et sur ce feissiez et ordonissiez
selon ce que vous verriez et trouverriez
que nostre proffict seroit.

Et sy comme on dict, vous pour nous et
en nostre nom ayez sur ce mandé et
comis à nos baillif et receveur de Vermandois que sur ces choses ils s'informassent
diligemment et suffisamment et vous
rescripsissent ce que ils en trouveroient

afin que sur ceux vous peussiez ordonner
ce que vous verriez que nostre proffict
seroit, laquelle information faicte sur ce
par lesd. baillif et receveur vous a esté
piéça renvoyée close scellée de leurs
sceaux et rien nen avez faict, mais vous
ont long temps poursuivis lesd. maior et
jurez sans avoir de ce responce si comme
eux dient.

Nous vous mandons que s'il est ainsy
vous sans délay voyez diligamment lad.
information et sy par icelle est trouvé
que ce soit nostre proffict a faire et
octroyer lesd. req^ttes, sy leur baillez les
choses pour le prix que elles sont données
a cense a présent, les frais des nécessitez
rabatus, ou pour tel prix que par lad.
information sera trouvé quelles peuvent
valloir en la meilleure manière que vous
verrez que nostre proffict soit sans ladicte
ville grever.

Donné au bois de Vincennes le quator-
zième jour d'octobre, l'an de grâce mil
trois cent trente-six.

PAR vertu desquelles L^res et des autres
précédentes, nosd. gens liront, oyront et
diligemment examineront lad. information
es toutes les choses dedans contenues, et
avec ce pour sçavoir la vérité de la valeur
desd. revenus, redevances et coustumes que
nous avons en lad. ville de Péronne ils

regardèrent et feirent a grande diligence
regarder et examiner les escriptz de
nostre dicte chambre de plusieurs années
passées pour sçavoir combien lesd. choses
nous peuvent avoir valu par an, des-
duictes les réfections, et ce qui fait a dé-
duire pour soustenir et retenir les choses
que nous avions et avons en lad. ville.
Laquelle information et les escriptz de
nostre dicte chambre veuez et diligemment examinez par nosd. gens, eue bonne
délibération sur ce et considération a
tout ce qui les pouvoit et debvoit mouvoir
de raison, pour ce qu'il leur a apparu que
a nostre proffict les dessusdictz revenus,
redevances et coustumes peuvent bien
estre baillez et octroyez a tousjours
ausdictz maire jurez et commune pour le
prix de huict vingtz livres parisis par an.

Nous pour la grande affection que nous
avons aux habitans de lad. ville de Péronne, et à la réformation d'icelle et du
pays lesd. revenus, redevances et coustumes que nous avions et avons en lad.
ville, avons octroyé et octroyons par ces
lettres aux dictz maire, jurez et commune
que du jour de la feste de sainct Jean-
Bap^te prochain venant ilz les ayent et
tiennent a tousjours héritablement pour
le prix de huict vingtz livres parisis par
an. C'est a sçavoir tout ce que on appel-

loit la justice, et l'estrelage que tenoit à
cense Fursy Le Chaisne, la prévosté de
Soibotecluze que tenoit à cense Jean
Notiné, l'eaue scéante devant le pont des
nues moulins que on appelle l'eaue du
port Le Roy que tenoit à cense Pierre
Gardiens, le portage de la rue de Bretagne que tenoit Pierre Le Clerc, et une
coustume que on appelle *la fouée le Roy*,
que tenoit à cense Jean Fustiens, et
toutes les choses comprises et enclavées
esd. choses, et qui sont et ont esté accoustumées estre baillées par nous esd.
censes. Excepté nostre forage des vins
lequel nous, pour nous et pour nos
successeurs, retenons et avons retenu par
devers nous. Lesquelles huict vingtz
livres parisis ilz payeront et seront tenu à
payer à nous et à nos successeurs a tousiours chacun an des le jour de lad. feste
de Saint-Jean à trois termes accoustumez
en l'an c'est à sçavoir à la Toussaint le
thier, à la Chandeleur ensuivant le thier,
et l'autre thier à l'Ascension, après ensuivant, et commenceront à payer le premier
terme à la Toussaint qui sera l'an mil
trois cent trente sept, et seront tenus
lesd. maire, jurez et commune à retenir
lesdictes choses à leurs propres coustz
et frais du jour de la feste Sainct
Jean-Baptiste dessusd. pour telle portion

comme à nous en appartenoit avant ce
présent bail ou octroy. Et voulons que
lesditz maire, jurez et commune ayent et
tiennent les choses dessusd. et que des
proffictz et émolumens d'icelles joissent
paisiblement à tousiours héréditablement
sy comme dessus est dict, du jour de lad.
feste Sainct Jean-Baptiste, excepté nostre
dict forage des vins. Et leur avons octroyé
et octroyons que pour mieux repeupler et
reformer ladicte ville de marchandise ils
puissent des choses dessusd. remettre,
délaisser et quitter tout ce qu'ils verront
silz se retenoient qui seroit préjudiciable
à eux, aux marchands remanans en ladicte
ville et au pays d'entour, et les aultres
choses tenir et lever selon les us et coustumes anciens ou icelles bailler en moindre
valeur s'il leur plaist, ou faire sur ce
ordonnance sans lesd. choses charger ou
accroistre, lesquelles rémissions, révisions
ou ordonnances faictes sur ce par lesd.
maire, jurez et commune selon la forme
dessusd. Nous voulons et leur octroyons
qu'ilz les puissent faire crier et publier so-
lennellement sans forfaict en tous les lieux
notables, là où il leur plaira dedans
nostre royaulme. Et pour ce que ce soit
ferme et stable à tousiours, Nous avons
faict mettre nostre scel à ces présentes
lettres, sauf en autres choses nostre droict

et en toutes l'autruy. Ce fut faict à Paris
l'an de grâce mil trois cent trente-six au
mois d'octobre signé sur le replis : par
les gens des comptes, par vertu du commandement du roy dessus transcript,
J. de Cona. Et scellé en las de soye rouge
et verde du grand sceau de cire verde.

En témoin de ce nous avons mis au
présent transcript le scel de ledit bailly,
sauf le droit le roy et l'autruy. Ce fut fait
en l'an de grâce mil CCC trente-six, ou
mois de march.

RÉMISSIONS

RÉCISSIONS ET ORDONNANCES

FAICTES PAR MESSIEURS LES MAIRE ET JUREZ DUDIT PÉRONNE SUR LES CHOSES PRISES À CENS HÉRITABLEMENT DU ROY PHILIPPE VI, SUIVANT LA CHARTE CY-DESSUS TRANSCRIPTE.

C'EST les rémissions, récissions et ordonnances que nous, maire jurez et communaultez de la ville de Péronne avons faict et faisons sur les choses que nous avons pris au roy nostre seigneur à cens héritablement. Esquelles estoient enclavées et incorporées les choses dont mention sera faicte cy-après. Lesquelles rémissions récissions et ordonnances, Nous voulons et ordonnons que elles tiennent sur la forme qui senssuit tant comme il nous plaira. Sauf et réserve pardevers nous que toutes fois qu'il nous plaira, Nous les puissions encore plus amoindrir ou ramener a leur ancien estat, ou faire aultre ordonnance sur icelles sans icelles accroistre en la manière qu'il nous semblera estre bon selon la concession et l'octroy que le Roy nostre sire nous en a faict par ses lettres.

La feste de Péronne qui a vingt-huict jours de franchise de tous arres pour debtes demeure en sa franchise et en son estat, sauf quelle souloit avoir huict jours de siége doresenavant elle n'aura que quatre jours de siége et commencera à seoir le jour de sainct Michel selon l'ordonnance qui senssuit c'est à sçavoir que quelconques denrées ou marchandises qui seront amenées en la feste dont on souloit payer entrées et issues. on n'en payera ny ne prendra rien.

Item on vendra les draps en la hale toute la feste durant, et les jours de marché, et seront à ce contrainctz. les marchandz de la ville, et aussy y vendront les marchandz de dehors s'il leur plaist, tant en la feste comme les jours de marché et leur fera le maire telle raison le leurs estaux en hale qu'ilz s'en tiendront pour payez. Et s'il ne leur plaist à vendre en la hale ils estalleront à leurs coustz dehors au lieu ordonné ainsy qu'il leur plaira et ne payeront estalage ne pièce debte.

Item toutes aultres denrées et marchandises quelconques qui seront amenez en la feste seront vendues aux lieux ordonnez et se haionneront et estalleront ainsy qu'il leur plaira et ne payeront rien pour l'estalage ni pour pièce de terre et jette-

9

ront los la nuict Saint-Michel devant
midy, les marchandz qui adonc seront
venus et ceulx qui depuis viendront se
logeront ensuivant dessoubz là où ilz
pourront mieux et là où ilz trouveront
vuide. Et qui ne mettera avant le jour de
Sainct-Michel il n'y mettera poinct toute
la feste.

Item tous ceulx qui vendront cire et
espicerie en la ville seront contrainctz à
faire hayon au marché au lieu ordonné
en la feste, et de ce dont ilz souloient
payer chacun trois livres de cire, ou sept
sols et un denier, ils n'en payeront chacun que une livre de cire l'an.

Item le marché des wardes sera au lieu
là ou il a autrefois esté et de tous les
wardes qui seront vendus et acheptez en
la ville on n'en payera point de tonnelieu.

Item le marché des bestes sans les chevaux commencera tant en feste que les
jours de marché au soleil levant, et le
marché des chevaux commencera après
disner. Et sera le marché de toutes les
bestes au matin et après disner comme
dit est au val Sainct-Sauveur entre
neufve rue et la porte Sainct-Sauveur et
ne payera-on point de tonnelieu de quelconques bestes qui soient vendues ny
acheptées en la ville ny en la marchan-

dise des bestes, nul ne pourra clamer
part à celuy qui achepté l'aura.

Item tous. ceulx qui amèneront laque
à vendre au marché soient laquer, faissel,
fagot ou aultre laque en quelconque jour
que ce soit ne payront point de fouée et sy
aucun bourgeois qui auroit faict se pour-
veanche pour l'année et il en avoit plus
que pour son hostel ne luy en faudroit,
et il le revendoit il n'en payroit point
de fouée. Et ceulx qui les vendront acon-
duiciz en la ville payeront fouée en la
manière deube et accoustumée. Sauf en
ces choses que quiconque amènera laque
qui n'ait sa droicte jaulge elle sera four-
faicte à la ville.

Item des tonnelieux des grains dont on
prenoit de chacun muid un denier du
vendeur et un denier de l'achepteur on
en prendra rien de l'un ni de l'autre.

Item du strelage dont on devoit prendre
de quatorze muids un septier, et encore
excédoit-on, en prenant plus grande
quantité selon la valeur du grain. Il est
ordonné que de bled, d'orge, de pois, de
febves, navettes. d'oliettes, de lentille et
de vesche, on n'en prendra de seize
muidz que un septier, et dessoubz à
l'avenant jusques à deux muidz, et de
deux muidz un boisel, et dessoubz deux
muidz de chacun septier dont on souloit

prendre un denier ou trois mailles, on n'en prendra que une maille et dessoubz à l'avenant.

Item de l'avoine on ne prendra pour strelage de seize muidz que deux rez et dessoubz à l'avenant jusques à deux muidz et de deux muidz un quartier, et dessoubz deux muidz de chacun rez dont on souloit prendre un denier, ou une maille on n'en prendra que une portenne.

Item des tonnelieux de toutes autres marchandises dont on payoit de six deniers une maille, et de douze deniers un denier, on ne payera point de tonnelieu, si la marchandise ne monte deux solz et de deux solz et dessus jusques a cinq solz on payera une maille, et de cinq solz et dessus un denier et de chacune pièce, excepté que d'une cauche combien que elles cauchent on n'en payera que une maille, et qui les vendra en gros on ne payera de la douzaine que deux deniers.

Item d'une quieute que on venderoit, dont on souloit payer quatre deniers de tonnelieu, on ne payera que deux deniers et d'un couvrechef dont on payoit deux deniers, on ne payera que un denier, et de coussins on ne payera rien ; si le marché ne monte deux solz, auquel cas on payera selon l'ordonnance dessus dicte.

Item des draps entiers on ne payera que deux deniers de tonnelieu, et d'un coppon un denier. Et des laynes on payera pour une piesse un denier tant seulement et dessoubz la piesse de cinq solz et dessus un denier Et dessoubz cinq solz jusques à deux solz une maille, et dessoubz deux solz rien

Item des fruictz dont on prenoit pour six deniers ja fust ce qu'il fust vendu par plusieurs parties une maille et de douze deniers un denier on n'en payera rien dessoubz deux solz, et de deux solz et dessus on payera selon l'ordonnance dessus dicte.

Item d'une somme de poisson on payera deux deniers et d'un millier de harans deux deniers, et de moulles dont on prenoit deux deniers de la brouette on n'en payera rien ni de hennons rien.

Item de la graisse et de toutes autres marchandises dont on prenoit tonnelieu au cent et à la somme de ce dont on payoit quatre deniers, on n'en payera que deux deniers.

Item de moirien de latte, ni de fustaille dont on payoit tonnelieu on n'en payera rien

Item tous ceux qui payoient portaige pour la porte neufve en la rue de Bretagne n'en payeront rien.

Item pour ce que plusieurs se douloient qu'on prenoit trop grande moulture pour mouldre aux neufs moulins, on mouldra au seur et en la manière que on souloit mouldre anciennement. Et y mettera-on telle atrempanche (1) que chacun s'en tiendra pour bien payez, et demeureront les gondaliers et les boulengers en leur estat.

Item pour ce que plusieurs se douloient que ceulx qui estoient aux conseils des parties devant eschevins prenoient trop grands salaires et aussy comme ceux quy faisoient lez escriptz, il est ordonné que des claims, que des assenaiges, ny de convenenche on ne payera que quatre deniers et a son conseil. Et de un homme mestre en loy douze deniers. Et ceulx qui seront mis en saisine par la justice n'auront que quatre deniers par jour et d'un escripteau, d'une simple convenenche quatre deniers, et du surplus jusques au dit d'eschevins.

Item un bourgeois pourra son estat espouser pour quatorze deniers, et mettera on chacun an a la bourse du roy. Et qui ny mettera il payera par loy. Et ceux qui n'auront leur estat espousé ils payeront

(1) *Attrempance*, c'est-à-dire modération, adoucissement.

chacun jour de marché un denier, tant
ceulx de dehors comme de dedans pour
estalage. Exceptez les quatre jours de la
feste esquelz on ne payera rien.

Quiconque met estaux devant le belfroy sur lequel ait amandes ou figues, il
doit s'il y a amandes une livre d'amandes,
ou de figues, s'il ny a nulles amandes.

Item sur tous les boulangers vendant
pain à fenestre, quatre solz l'an à deux
termes, moitié à la Saint-Jean et moitié
à la Saint-Remy.

Item l'estarlaige des boulangers et des
crassiers.

Item les minottes de Sainct-Crist.

Sy aucun clerc fait claim sur aultre
homme non clerc et icelluy non clerc
propose le demandeur estant clerc et
vray est, eschevins ny doivent point entendre.

Sy aucun faict claim sur clerc, et icelluy
clerc s'advoue de sa clergie, eschevins ny
doivent point entendre.

Sy aucun se claimme sur un bastard, si
icelluy bastard s'advoue de sa bastardise,
eschevins ny doivent point entendre.

Si aucun se claimme d'aultre qui s'ad-
vouë et soit homme de fief d'aucun seigneur, et icelluy faict ce apparoir deuement, il doit estre délivré dud. claim.

Sy aucun vient à Péronne à la court du

Roy, par adjournement et il en appert sur icelluy on ne doit point faire de claim que ce sceu il ne soit délivré.

Icy ensuiuent ceulx qui sont francs au tonnelieu.

L'homme de Sainct-Fursy.

L'homme du coultre de Sainct-Fursy.

L'homme de l'hospital d'Esterpigny.

L'homme du Temple.

Les minottes de Sainct Crist.

L'homme de Nostre Dame de Doing.

L'homme de la dam^{elle} de Cartigny.

Tous ceulx sont quittes de tonnelieu et non d'estalaige.

Item tous ceux qui sont du fief de Buires sont quittes de tonnelieu et d'estalaige.

ORDONNANCES FAICTES DU POIS

DE LA VILLE DE PÉRONNE

Premier est deffendu et ordonné que aucun ne peut ny ne pourra pezer quelconques denrées que ce soient en sa maison ny ailleurs plus hault de six livres et demye, que tant seulement au pois de la ville, au cas que les denrées seront vendues, acheptées ou eschangées. Et ne pourra le vendeur pour une vente ny a une personne pezer plus hault en sa

maison que de six livres et demye, mais
si la vente ou eschange monte a plus
hault de six livres et demye le vendeur
sera tenu de la pezer au poids de la ville
et non ailleurs.

Item si aucun achepte denrées hors de
la ville en quelque lieu que ce soit en
feste ou hors feste s'il l'ameine au poidz
pour pezer, il payera deux deniers pour
chacun cent et non plus. Et s'il ne luy
ameine, il n'en payera rien, pourveu
toutesfois que ailleurs il ne les pourra
pezer, ne faire pezer. Ce n'est tant seulement une fois soubz six livres et demie
comme dessus est dict.

Item que pour toutes denrées que on
pezera sans aucunes excepter, excepté
laines, fils et toille, on payera deux
deniers de chacun cent et non plus estoffé
et en poursuivant à l'avenant en la
manière qui senssuit.

C'est à sçavoir du quarteron estoffé, et
au dessoubz du quarteron une maille.

Item du demi-cent estoffé et au dessoubz
du demy-cent jusques au quarteron
estoffé un denier.

Item du cent estoffé et au dessoubz
jusques au demi-cent estoffé deux deniers
et ainsy en poursuivant.

Item pour chacune piesse de laine
estoffée deux deniers et non plus, du

plus plus et du moing moing selon
l'ordonnance dessus dicte. Et sy aucuns
vont pezer au pois de la ville laine filée
ou aultres choses appartenant à la
drapperie et pour employer à la d. drapperie
à une ou par plusieurs fois il payera de
la drappée deux deniers, du plus plus et
du moings moings selon l'ordonnance
dessus dicte.

Item pour chacune pièce de toille
contenant soixante aulnes allant au poids
de la ville on payera deux deniers, du
plus plus, et du moings moings. Et pareillement des estoffes sy on les pèze par
parties et qui n'ira au poids de la ville il
n'en payera, pourveu que des choses
vendues ou eschangées on ne pourra
pezer en sa maison plus hault de six
livres et demye, ny ailleurs que au poids
de la ville.

Item est deffendu que nul ne tienne
aucuns poids justifiés ne flatris plus
grands que de six livres et demye. Et
que nul ne pèze aucunes denrées vendues
ou eschangées plus hault de six livres et
demye pour une personne sy nest au
poids de la ville sur l'amende de soixante
solz parisis envers la ville.

Item sera tenu le pezeur de délivrer les
bonnes gens qui iront et auront à faire
du poids si tost et à la mesure qu'ilz iront

et auront à faire, sans eux faire jocquer ni descrier, en prenant son droict et salaire par la manière avant dicte et non plus.

Item la ville retient son usage comme elle a tousjours eu et doibt avoir pour pezer pains, plomb, ferailles et toutes autres choses touchans la ville, la forteresse, les eswars, sans ce que le pezeur en soit tenu de prendre ne demander aucune chose.

Item retient aussy la ville en luy de recognoistre mus ou ameurir l'ordonnance dessusd. toutesfois que mestier sera et que bon luy semblera.

Contre lesquelles choses et ordonnances dessus dictes, la ville commande a tenir fermes et stables En telle maniere que sy aucun les enfrainct en quelque maniere que ce soit il sera engueux et payera pour chacunes fois soixante solz parisis envers la ville.

L'ORDONNANCE DES MOULINS

Tous ceulx qui sont demeurans à Péronne depuis le perron du Roy en allant vers les moulins du Roy, sont banniers aux moulins le Roy et doibvent iceulx banniers de quatre septiers moulus, deux

boiteaux wittères et les peut prendre led.
musnier a comble depuis la Sainct-Jean
jusques au Noël. Et depuis la Noël jusques a la Sainct-Jean ledict musnier
iceulx boiteaux que rez. Et sy iceulx
banniers ne peuvent mouldre ausd. moulins le Roy par congé de la ville peuvent
aller ailleurs mouldre.

Item tous ceulx qui demeurent a Péronne
depuis le perron du Roy en venant vers
les Cordelliers peuvent aller mouldre au
moulin le Roy et au moulin de Bellezaize
et ne doivent a nul desd. moulins que de
quatre septiers un boiteau witteres comblé,
depuis la Sainct-Jean jusques au Noël.
Et depuis la Noël jusques a la Sainct-
Jean led. boiteau rez. Et ne doibt le
musnier de Bellezaize pour quy qu'il
moulde de la ville de Péronne prendre
plus grande moulture que de quatre septiers un boiteau tel que dessus est dict.

Item doibt avoir aux moulins du Roy
un valet sermenté de par la ville qui
gouverne lesdictz moulins en faict de
moulture et ne doit prendre autre mouture
que dessus est dict soubz peine de restitution, punition et amende.

BASTONNAGE

QUE L'ON CŒUILLE A LA PORTE. A SON QUE L'ON
NOMME LA PORTE ASSON ET VIENT AUX
AUTRES PORTES.

Sy on amoine fagotz ou laiques aux
gens de Péronne pour leurs pourveanches,
on ne doit point de bastonnage.

Sy on amoine fagotz ou laique vendre
au marché on doit de chacune charlée.

LE DROICT DE CHAUSSÉE

Quy amoine fagotz en une charette il
paye un fagot le iundy pour toute la
sepmaine, tant qu'il moine a un homme,
ou un denier, et des bourrées deux bourrées chacun jour.

De ronde laique il paye chacun jour
un denier et de toutes ces choses le chare
double.

La charrette qui amoine macriez
taillez, esselles, lattes criéces, plateaux,
estallees avoir de pois la charrette deux
deniers et le char quatre deniers chacun
jour.

Les bourgeois ny les voitures de la
bourgeoisie ouvrant l'un à l'autre ne

doibvent rien mais s'ils meinent agens quy ne sont mie bourgeois ils doibvent.

Un cheval chargé de grain doit une maille s'il meine avoir de pois il doit VII deniers.

Item s'il est chargé de fruictz, fromages, ou d'autres choses, il doit une maille excepté s'il meine macriez taillez, plateaux, faisceaux, il doit un denier.

Item un cheval vuide ne doit rien, sy n'est qu'il soit chargé de lin ou autres choses, lequel paye, et il a son retour huict jours Et pareillement paye un char, charrette à vuide parmy ce qu'il a huict jours son retour.

Item sy on paye à entrer à Péronne sa chaussée on s'en peut passer tout oultre sans rien payer.

La plus grande chaussée que une charrette peut debvoir est deux deniers et un char quatre deniers.

Item sy un voiturier amenoit en un jour à huict personnes se devoit-il huict fois chaussée. Et se doit tousiours commencer la sepmaine au lundy et sauter le dimenche

Toutesfois que un voicturier met à vente au marché il doit chaussée et y menast six fois chacun jour.

Item un cheval marchand doit une obole. Une vache ob., quatre pourceaux

un denier, quatre brebis un denier et sy
on les achepte à Péronne, amené hors sy
les doit-on.

La charrette de fouée ne doit que la
moitié de la fouée. C'est à sçavoir sy elle
meine fagotz elle paye pour deux fois un
fagot, ou un maille pour chacune fois
qu'elle doit.

Et de ceste chaussée sont francs tous
ceulx qui tiennent de Buires, et qui
demeurent dessoubz les croisiers de Saint-
Jean de Hiérusalem de ce qui veist
dessoubz eux, chev^rs écuyers, dames et
damoiselles en sont francs, et tous ceulx
qui ameine pour le chapitre de Sainct-
Fursy, et non pour les chappellains. Et
aussy en sont francs ceulx qui demeurent
à Cartigny dessoubz Guignart de Sorel et
non les autres de la ville de Cartigny.

Sy ceulx qui doibvent chaussée sont
refusant de la payer après ce qu'on leur a
demandé, et ilz passent les mettes sans
payer, ils doibvent amende de soixante
solz à la ville pour chacune fois qu'ilz
refuseront, dont ils seront poursuiviz et
sont les mettes sy tost qu'ilz sont hors la
porte-neufve, de la porte de Soibotecluze
et de la porte Robin ver le bordel.

ROUAGE DE PÉRONNE

Quiconque ameine vin à l'estappe au
marché de Péronne pour vendre et la
denrée est vendue, Il doit pour chacun
chare pour la première fois vingt-sept
deniers et de ceste mesme voiture pour
tout l'an durant s'il revient à l'estappe,
il ne payera pour chacune fois qu'il y
reviendra pour vendre que trois deniers
du char s'il ne change de voicture, auquel
cas s'il ramenoit aultre voicture il payeroit
comme la première fois, et la charette la
moitié du droict dessusdict et le payent
les chartons.

Quiconque achepte vin eu gros à
Péronne pour mener hors pour revendre
il doit pour chacun chariot trois deniers
et de la charrette trois oboles et le payent
les chartons.

Qui achepteront vin à Péronne en gros
pour boire en corps ou nopces, se n'est
point revendre, il ne doit point de rouage.

Quiconque se part de Péronne sans
payer rouage apres ce qu'il aura esté
demandé, il doit soixante solz à la ville.

AULTRES ORDONNANCES

FAICTES ET RAFRAICHIES PAR LESD. SIEURS TOU-
CHANT LE TONNELIEU, ESTRELAGE, CHAUSSÉE ET
AUTRES DROICTZ CY-DESSUS, EN L'AN 1570.

SUR CE QUE JOURNELLEMENT estoit faict
plaincte aux mayeur eschevins et jurez
de la ville de Péronne que les fermiers
qui tiennent les tonnelieu et esterlage,
chaussées, rouage et autres droictz appartenant à lad. ville prenoient et exigeoient
plus grands droictz qu'il n'estoit deub, Et
voulant pour a ce donner ordre avoir
recours aux registres anciens faisans
mention d'iceulx droictz, Avons trouvé
que pour l'ancien langaige dont y est
usé ne sy peut rien entendre. Parquoy
avons par Assembiée faicte en l'hostel de la
ville où sont comparus honorables hommes
maistre Jean Dehaussy, licentier es loix
mayeur, Jacques Desmerliers, Fursy
Defrémicourt, esleu de Péronne, Montdidier et Roye, Guillaume Le Feure,
enquesteur pour le roy aud. lieu, Jean
Vaillant, Anthoine Soyer, François de
Hen, Ancelot Marotte, Laurent Caron,
Pierre Morliere, Fursy Caron, et Fursy
Dorsye, les advocat et procureur de lad.
ville, ordonné que lesd. droictz tant dudict

10

tonnelieu, estrelage, chaussées et aultres appartenans à icelle ville seroient de nouvel rafraichis et couchez en bonne et vulgaire langue, et icéulx spécifiez et déclarez, par le menu et par articles, afin que cy apres lon se puisse reigler suivant ce qui a esté au mesme instant faict selon qu'il senssuit apres avoir informé sommairement de l'usance et ouys et interrogez Jean Noiret, Jean Prévost, Lois Dostré et autres qui ont jouy dudict estrelage comme fermiers par plusieurs années.

TONNELIEU ET ESTRELAGE SE PREND ET CŒULLE SELON QU'IL S'ENSSUIT :

A SÇAVOIR sur chacun muid de bled vendu et qui se transporte hors ladicte ville, un picotin de bled, qui se doit payer par l'achepteur et aultant de tous autres grains, comme avoine, orge, seigle, poix, vesche, entelle, febves, oliette, navette et autres grains. Et se doibt payer ledit droict par les marchands de la ville dudict Péronne qui acheptent bleds et aultres grains, et le transportent hors la ville pour vendre, et non point pour les grains de leur patrimoine qui transportent hors lad. ville.

Sur chacun caque de harens entrans

en la ville et passans oultre sans descendre pour entrer au royaulme deux deniers tournois.

De chacun cuir entrant et sortant comme dessus sans y estre vendus et débitez trois deniers obole tz.

Et s'il y a marchand estranger qui ameine cuir et en face vente en icelle ville doibt pareil droict de trois deniers ob. de chacun cuir que doibt payer le vendeur.

De chacun chariot chargé de poterie de terre amenée et deschargée en ceste ville par les marchands étrangers douze deniers tz. et de chacune charrette six deniers tz.

Aultant est deub de chacun chariot et charette chargez de thuille.

Est deub de chacun cent de fer amené vendu et pezé en ceste ville deux deniers tz.

Et pour chacun cent de laine aussy amené descendu et pezé au pois de la ville, cinq deniers tz. qui se paye par l'achepteur.

Plus se prend sur chacun boulenger de ladicte ville qui vend a bouticque ouverte par chacun an quatre solz tz.

Sur chacun marchand estranger qui estalle en ceste ville vendans draps thoille quinquaillerie et aultres choses un denier pour chacun jour qu'ilz vendent et estallent aux jours de marché.

Sur tous les marchands vendant fruictz marée et autres choses qui sont amenez sur un cheval et chargé de deux panniers, est deub de chacun pannier un denier tz.

Et sy est aussy deub par chacun an par les marchands publicques vendans a bouticques ouvertes un denier tz, qui se paye par chacun an à la pierre du roy le dimanche paravant la Sainct-Jean de Colasse, et faulte de quoy faire et de payer audict jour suivant la publicaôn qui s'en faict, les défaillants sont condamnables en deux solz parisis d'amende.

Et sy est deub par chacun marchand qui faict bouticque nouvelle quinze deniers pour son entrée.

Et sont tenus ausd. droictz ceulx des faulxbourgs et banlieue de Péronne qui estallent ordinairement en ceste ville, lesquelz ne payent que ledict deub par an avec le droict d'entrée et amende selon que dict est.

Mais le fermier dudict tonnelieu et estrelage est tenu en l'acquist desd. sieurs avant que pouvoir recevoir ledict droict à ladicte pierre du roy de prendre la bourse en la manière accoustumée et de demander congé et permission de ce faire à

celuy auquel appartient le fief du taillant,
autrement nommé le *Fief de Fervacque*,
laquelle bourse le jour passé il est tenu
porter à celuy qui tiendra ledit fief avec
un denier parisis dedans icelle selon qu'il
est accoustumé faire de tout temps et
ancienneté.

Faict et arresté en la chambre du
conseil le cinquiesme jour de febvrier
l'an mil cinq cens soixante-dix. Ainsy
signé : Le Febvre.

DROICTS DE CHAUSSÉE

Se paye pour chacun chariot entrant
dedans la ville pour droict de chaussée
chargé de marchandises de fer, laynes,
esselles, folleaux, bois taillé, cayelles,
plateaux, lattes et autres fustailleries,
vin, charbon de terre, scel, ardoises,
thuilles, poteries, gresseries et de toutes
autres marchandises qui se vendent au
pois quatre deniers du chariot, et deux
deniers de la charette et aultant de fois
qu'ilz viennent en un jour doibvent
pareil droict de chaussée.

Et de touttes aultres marchandises
autres que celles dessus déclarées comme

grains, fagotz, gros bois, le chariot doibt
deux deniers et la charette un denier tz.

Le cheval ou baudet entrant en ceste
ville chargé de grains ou autres marchandises doibt une obole pour la beste et s'il
meine marchandise qui se vend au poix,
doit un denier pour chacune fois qu'il
entrera dans la ville.

Toutes autres bestes venans et entrans
en la ville, comme chevaulx de Flandres
ou aultres, vaches, brebis, moutons et
pourceaux doibvent chaussée pour chacune beste obole et sy passent outre la
ville ne doibvent que l'entrée comme
dessus.

Et sy on achepte telles bestes dedans la
ville, l'on doit au sortir tel droict de
chaussée tel que dessus que doibt payer
l'achepteur pour issuë.

Sy aucuns habitans de lad. ville, fauxbourgs et banlieüe font voictures pour
guagner deniers doibvent ledict droict de
chaussée, à sçavoir pour le chariot deux
deniers, et la charette un denier de
quelques marchandises qui puissent estre
chargez. Et ne doibvent ledict droict que
pour une fois le jour combien qu'ilz
facent plusieurs voictures.

Néantmoings si lesd. habitans font
lesdictes voictures pour eux ou à corvées

et à leur proffict n'en doibvent aucune chose.

Le chariot, charette, chevaux chargez de toutes autres choses qui ont payé ledict droict de chaussée en entrant dedans la ville, et il passe outre, ne doibt que ledict premier droict payé supposé qu'il ait séiourné en lad. ville.

Ledict droict de chaussée est deub par ceulx qui ameinent marchandises en la ville, et après l'avoir deschargé, rechargeant autres marchandises pour mener hors lad. ville.

Et sy aulcuns passent sans voulloir payer ledict droict estant de ce faire requis et interpellez, ilz sont condamnables pour chacune fois en deux solz parisis d'amende applicables au fermier.

Les biens advenus à refuge en seureté en ceste ville pour doute de la guerre ne doibvent aucun droict de chaussée, ni les voicturiers qui les meinent.

Duquel droict sont exemptz tous ceulx qui tiennent de la seigneurie de Buires, et qui demeurent soubz les croisés Sainct-Jean de Hiérusalem pour le regard de ce qui iroit soubz eux, chevalliers, escuyers, dames et demoiselles et les fermiers du chapitre de Sainct-Fursy, en quoy ne sont compris les chappellains de lad.

église, et aussy en sont exemptz ceulx qui demeurent à Cartigny soubz celuy qui est au lieu Grignart de Sorel et non les autres de la ville de Cartigny.

Est ordonné que pour recevoir ledict droict se feront des mailles au P couronné d'un costé dont les fermiers pourront user pour rendre change audict droict de chaussée et les reprendre quand elles leur seront rapportées, ce qu'ilz seront tenus faire.

Faict et rafraischy à Péronne par Mess. les mayeur et eschevins de la ville de Péronne, après avoir veu l'ancien registre où est contenu ledict droict et ouys plusieurs personnes de ceste ville qui ont esté fermiers desd. droictz en assemblée en la chambre du conseil d'icelle le sixiesme jour de febvrier l'an mil cinq cens soixante-dix. Ainsi signé : Le Febvre.

L'ORDONNANCE POUR LES POIX,

MESURES ET FLATRES

La livre de Péronne doit pezer... xiiii onces ii estrelins et demy.

La demye livre doibt pezer... vii onces vi estrelins et un frelin.

Le quarteron doibt pezer... III onces XIII estrelins deux frelins.

Le demy quarteron doibt pezer... XXXVI estrelins et demy, et un sixiesme d'estrelin.

L'once doit avoir... XX estrelins

La demye once... X estrelins.

Un quartier d'once doit pezer... V estrelins.

Un demy quartier... II estrelins et demy.

Et tout au marc de Troyes.

S'il est trouvé en quelque maison que ce soit poix ou mesures non flatris et que le poidz ne pesast ainsy que dessus est dict, celuy debveroit soixante solz d'amende, et pour chacune mesure trouvée trop petite pareille amende.

Le barot doibt estre flatry qui menne terre, sablon, fien aux vignes ou ailleurs pour l'argent, pourveu que ce soit en la ville et banlieuë, et doibt ledict barot contenir un muidz de bled mesure de Péronne.

La mesure de chaux doit contenir une mine au marc pour le septier, et doit estre flatrie du flatre de la ville.

Toutes mesures à charbon doibvent contenir trois septiers dicte mesure et doibvent estre flatries, et y a droict pour chacune flatre de baroux et mesure quatre solz tz.

Et pour les autres petites mesures, de chacune vingt-huict deniers.

L'aulne de Péronne contient deux thiers de l'aulne de Paris.

AULTRE ORDONNANCE FAICTE

TOUCHANT LES POIX ET AULNE EN L'AN 1627

En assemblée géneralle faicte par Messieurs les mayeur, eschevins et jurez de la ville de Péronne le vingt-uniesme jour de juin mil six cent vingt-sept, en laquelle sont comparus pour la loy à présent Me Robert Chocquel, mayeur, messieurs Vatin, Delanchy, Demametz, Machecré, Dehaussy, Lempereur, Drien-court, et Le Matte, et pour l'année précé-dente (1) Me Dournel ancien mayeur, messieurs Pincepré, Vaillant, Galliot, Aubé et Le Febvre, les mayeurs de cinq mairries, les mayeurs et lieutenant de la mairrie du vin absent, les advocat et procureur de ladicte ville aussy présens.

(1) 1621. — Robert Chocquel était mayeur depuis 1622 sans interruption.

A esté dict par led. sieur Chocquel mayeur qu'il avoit receu plainte de plusieurs marchands de ceste ville et sigamment par les foulons de draps de ce qu'il y a en ceste ville un poix qui ne pèze que quatorze onlces quatre estrelins et demy et le pois de Paris seize onces tellement que les marchands de lad. ville qui sont contrainctz d'achepter laines et marchandises au pois hors ceste ville ilz sont contrainctz les achepter audict poids de Paris et quand ilz revendent en ceste ville ils sont contrainctz de vendre au pois dudict Péronne, qui tourne grandement au préiudice du publicq et de tous les marchands de lad. ville pourquoy s'il y avoit moien d'y remédier, ensemble pour la réduction de l'aulne de Paris ce seroit un très grand bien pour éviter lesd. plaintes.

Laquelle remontrance mise en délibération ouys sur ce plusieurs marchands merciers joyalliers et autres présens en lad. assemblée faicte à son de cloche les portes ouvertes en la manière accoustumée avec l'advis des advocat et procureur de lad. ville et desdictz mayeurs des cinq mairries.

A esté conclud et arresté que doresnavant tous marchands vendeurs et achep-

teurs de toutes sortes de marchandises,
et toutes autres choses soit en ceste ville,
fauxbourgs, banlieue, et le gouvernement,
seront tenus de vendre et achepter au
poids et aulne de la ville de Paris,
pourquoy ils seront tenus pour ce faire
de eux pourvoir d'aulnes et poids pendant
le quinziesme jour de septembre prochain.
Auquel jour sera députté un ou deux
eschevins de la ville par les maisons de
tous les marchands de lad. ville et faulxbourgs pour cognoistre s'ilz sont pour-
veuz d'aulne et poids de Paris pour
satisfaire à nostre ordonnance. Et ledict
temps passé deffences seront faictes à
tous lesd marchands et autres vendeurs
ou achepteurs de ne vendre ny achepter
aucunes marchandises et toutes autres
choses que à l'aulne et poids de Paris à
peine aux contrevenans de soixante solz
parisis d'amende, et en pezant ne sera
baillé aucune estoffe ny traict, mais le
plateau dans lequel sera la marchandise
trébuchera. Et afin que personne n'en
prétende cause d'ignorance seront les
présentes ordonnances leües et publiées
en la chambre de ladicte ville et par
les carrefours d'icelle par trois jours de
marché au son du tambour et les affiches
mises aux portes de lad. ville, ce quy a

esté faict par Mes Jean Dehaussy, greffier
et Pierre Dassonvillé, sergent à verge
de lad. ville, et le vingt-quatriesme jour
de septembre ensuivant Louis Houbrel et
Regnault Machecré, marchands et eschevins de lad. ville ont esté députtez de
l'ordre de la chambre pour aller es maisons des marchands visiter leurs poids et
aulnes pour l'entretènemént des présentes
ordonnances.

*(Extrait du livre rouge de la ville, le
10 juin 1634).*

SENTENCE ARBITRALE

PAR LAQUELLE LES TISSERANDZ NE PEUVENT AVOIR
EN LEURS MAISONS POUR PEZÉR FILLEZ PLUS
HAULT QUE DE 25 LIVRES EN UN OU PLUSIEURS
ET DIVERS POIDS.

(1455)

———

A tous ceulx qui ces présentes lettres
verront ou orront, Jacques par la permission divine humble abbé de l'église
du Mont-Saint Quentin, Baulduin seigneur
de Noyelle, de Gouy, du Thilloloy et de
Cacheu, chev^{er} con^{er} et chambelan de
nostre très redoubté seigneur monseigneur
le duc de Bourgongne, gouverneur et
bailly des villes, prévostez et chastellenies
de Péronne, Montdidier et Roye, Pierre
d'Estrées dit Carbonnel, escuyer et esleu
de Péronne, et Jean Lambert, procureur du
roy nostre sire à Saint-Quentin et demourans aud. lieu, arbitres prins nommés et
esleus par Jacquemart Pilavaine dit
Riamet appelans ja pieca des maire
et jurez de lad. ville de Péronne, Jean
Rosier dit Flament, Jean Fresier, Simon
Courgnot et Robert Bezart, tant en leurs
noms comme eux faisans et portans fors

en ceste partie de Jean de Mars, Jean de Willelart, *tous ouvriers et telliers* de toiles demourans en lad. ville de Péronne, adhérens et consors à lad. appellaôn avec led. Riamet d'une part, et par Jacques Le Viseux ou nom et comme procureur de la ville de Péronne et de la vefve de feu Jean Lefèvre d'autre part.

Le procureur a dénoncé les abus commis par les telliers sur le faict de leur mestier, en ce qu'ilz tenoient et usoient en leurs maisons de poix non flatris ne justez, et qu'ilz n'alloient ou envoyoient pezer les fillez que on leur portoit et toilles qu'ils rendoient journellement au pois de la maison d'icelle ville, comme ilz debvoient faire en entretenans les baux, usages, statutz, ordonnances, possessions et saisines de ladicte ville ;

Arbitré que doresnavant tous les telliers tenans et ayans ouvroires en lad. ville fauxlbourgs et banlieue de Péronne auront et pourront avoir et tenir à leurs despens en leurs maisons poix flatris et justez ou flatre et merques de lad. ville jusques à la quantité de vingt-cinq livres, ou en dessoubz en plusieurs poidz ainsy que bon leur semblera et non plus, dont ilz useront et pourront user sans fraude, en espallant et recevant en leurs maisons les filles que

l'on leur apportera pour titre et ouvrer,
et en rendant à ceulx qui auront baillé
lesd. filles ou autres qu'il appartiendra
les toilles qu'ilz en auront faictes sans ce
toutesfoiz qu'ilz puissent ayder à espaller
d'autres poidz que des poidz dessusd. Et
aussy que desd. poidz iceulx telliers ne
se puissent ayder pour eux ny pour
autruy en vendant ni acheptant quelques
denrées ou marchandises. Ces poidz
seront vérifiés et visités à domicile....

Fait et prononcé en la ville de Péronne
en la présence de honorables et saiges
maistres Remond Mollet majeur dud.
lieu de Péronne, Jehan Descouchy, licen-
cier en décret et ès loix, Jean de Péronne,
Jean de la Rivière, eschevins dud.
Péronne et Jehan Le Francosme clerc et
receveur d'icelle ville, d'une part, et lesd.
Jacquemart Pilavaine, Jean Le Flament
dit Rosier, Jean Fresne, Robert Bezart,
Jehan de Mars et Jean de Willetart,
d'autre part. — Le 12esme jour de septembre 1455. Signé sur le reply : Remane
ou Remaue. Et scellé de trois sceaux en
queue de cire rouge.

(Original parchemin).

LETTRES

DU ROY CHARLES CINCQ

PORTANTES POUVOIR AUX MAYEUR ET JUREZ DE
LA VILLE DE PÉRONNE ET ESGARDS DES MESTIERS
ET SUR TOUTES LES DENRÉES VIVRES ET MAR-
CHANDISES QUI SONT AMENÉES EN LAD. VILLE ET
CONDAMNER EN AMENDES AU PROFICT D'ICELLE
LES DÉLINQUANS.

(1368)

———

CHARLES par la grâce de Dieu roy de
France au prévost forain de Péronne ou à
son lieutenant, salut. Nos bien amez les
bourgeois et habitans de notre ville et
communaulté de Péronne nous ont faict
signiffier que comme nous leur ayons de
nouvel rendu la loy et communaulté de
lad. ville, si comme par nos lettres en las
de soye a ciré verte peut apparoir esquelles
il est contenu expressément que nous leur
accordons que toutes les bonnes et raisonnables coustumes et ordonnances dont ilz
ont joy anciennement en lad. ville ils en
puissent joir et user doresenavant en la
manière qu'ilz ont autrefois faict. Et il
soit ainsy que en ladicte ville de sy grande
ancienneté qu'il n'est mémoire du con-

traire ilz ayent accoustumé a faire esgar-
deurs sur les mestiers qui sont fais en
lad. ville, et aussy sur toutes les denrées,
vivres et marchandises qui en icelle ville
sont amenées et vendues, et certaines
peines et amendes a prendre sur ceulx qui
trouvez seroient saisy ou avoir faict le
contraire desd. esgars, lesquelles amendes
sont receues et levées au proffict de
ladicte ville et de la fortification d'icelle,
lesquelles choses iceulx signiffians doub-
tent a faire et lever lesdictes amendes
sans notre authorité et congié jaçoit ce
que fondation et authorité en fust sur ce
données anciennement aux prédécesseurs
des bourgeois et habitans de lad. ville
qui a leur pooir veulent tenir et entériner
sans enfreindre les poins et articles contenus en ladicte chartre qu'ilz ont de
nous et ensuivre toutes les bonnes et
raisonnables coustumes dont ilz ont
anciennement joy et leurs prédécesseurs
en ladicte ville sy comme ilz dient,
requérans que sur ce leur soit par nous
pourveu de remède convenable, pour ce
est-il que Nous, en considération aux
choses devant dictes te mandons et se
mestier est commettons que veüe lad.
chartre appellé nostre procureur et ceulx
qui seront a appeller tu face assembler

pardevant les maire jurez et eschevins de
lad. ville quant ilz seront créez ceste
première fois avec tous les mayeurs des
mestiers et des plus notables personnes de
lad. ville Et la soient veuz les poins
desd. esgars, et les peines et fourfaictz
sur ce ordonnez et ce semble estre raisonnables et proffitables ou qu'il faille iceulx
accroistre ou diminuer, et que ad ce
chacun d'eux ou la plus saine partie soit
accordans, tu face lesdictz esgards tenir
et garder, et de iceulx, et des peines et
amendes qui ad ceux seront ainsy ordon-
nées joir et user paisiblement et sans
enfraindre lesd. signiffians CAR ainsy le
voulons-nous estre faict, et l'avons octroyé
et octroyons ausd. signiffians de grâce
espécial nonobstant quelconques lettres
subreptices empetrées ou a empetrer au
contraire. Donné à Paris le quatriesme
jour de febvrier l'an de grâce 1368, et le
quint de nostre règne. *Ainsi signé* : Par le
Roy : Ivot, et scellé à simple queue du
grand scel de cire jaulne, duquel il est
resté fort peu. (en 1635)

(*Parchemin original.*)

CHARTRES & LETTRES

En l'assise tenue à Péronne l'an mil
deux cens quatre-vingtz et quinze, le
lendemain de la St-Michel, par seigneur
Gaultier Bardins, bailluy de Vermandois,
oy le recort de Colart d'Athies et de
Simon de Miraumont, hommes le roy qui
du commandement ledit bailluy avoient
esté à Trescaut pour voir et çavoir le
liu ou Mahius Blondiaus de Péronne
avoit esté pris en revenant de Cambray
à Péronne menans herens par les péageurs
de Bepaumes pour winage passé et
enquis du droit desdicts winengeurs et
dud. Mahius, premièrement le bailluy de
Bépaumes et les paageurs ois contre led.
Mahius me fires, li baillive par le consell
des hommes qui oirent led. recort et
l'enqueste qu'ils avoient faicte, comanda au
prévost qu'il contrainsist les winengeurs
à che qu'il rendissent aud. Mahius les
cous et les frais qu'il avoit mis et fais en
che poursuit, car il fust bien trouvé que
li prise avoit esté faicte en aultre justiche

que en le justiche mon seigneur d'Arthois.
Et fu encore comandé que li prévost
apresist de che que quant led. Mahius
ala querre le recreanche de ses ares à
Bepaumes li baillive de Bepaumes ou ses
lieutenans prist ledit Mahius et le mist on
en prison, et reconnurent aujourd'huy li
sergant de Bepaumes qu'il avoit pris
ledict Mahius en autruy justice, mais
chestoit pour autre cas tout fust et qu'il
conust dit qu'il fust couchant et levant
desous le roy. Che sont li hommes li roy,
qui furent as cousans en ledicte assize,
messire de Boucly, M. de Hamel, M.
Rebe de Leerramon, M. de Hardécourt,
Colars d'Athies, Jehans d'Allaingne,
Jehans Cretons de Montauben, Thumas
Leblon, Jehans li Raz, Robert Le Caisnes,
li sires de Miraumont, Pierre de Lierra-
mont, Jehans Li Caisnes, Simons Tour-
siaux, Gilles Foursie, Simons de Miraumont, Colars d'Athies, et Simons de
Haplaincourt. Et scellé des sceaux des
susnommés.

Lettres patentes (Paris, — mai 1338) de
Philippe VI confirmant que de temps
immémorial il est d'usage que ceux qui
achètent denrées et marchandises quelconques, tant bestes qu'autres choses, à
Péronne, peuvent les faire mener et porter

partout où il leur plaît, sans être assujettis au péage à la sortie de Péronne où ailleurs.

Lettres patentes (Paris, — 15 novembre 1403) de Charles VI. Les mayeur et jurez de Péronne et le sieur Jean Basin, bourgeois de lad. ville ont exposé que « comme tous les bourgeois et habitans de lad. ville de Péronne aient droit et soient en bonne possession et saisine d'aller de Péronne en autres villes et pays par quelque chemin qu'il leur plaist, menans denrées à cheval, charettes ou chariotz en payant les debvoirs accoustumez es lieux par ou ilz passent ... que le fermier ou garde du péage de Roye n'est tenu et ne peut prendre ne avoir d'aucuns desdits bourgeois et habitans de lad. ville de Péronne quand ilz passent a charroy, ou autrement par les destrois dud. péage autre chose que les devoirs anciens et accoustumez, et est led. Jean Basin comme bourgeois de ladicte ville en possession et saisine d'avoir esté et estre maintenu et gardé es possessions et saisines devant dites, et d'icelles possessions et saisines ayent lesd. complaignans joy et usé paisiblement par tel et sy long temps qu'il n'est mémoire du contraire ou au moins qu'il souffist ou doit souffire

a bonne possession et saisine avoir acquise
et retenuë. Néantmoins Jean Bridelle soy
disant fermier, ou homme a lever led.
péage de Roye, meu de sa volonté, sans
cause raisonnable depuis un an en ça a
exigé et extorqué dudict Jean Basin pour
quatre chariotz qu'il avoit faict charger
de Quedes en la ville de Péronne et passer
parmy la ville de Roye, en allant à Com-
piègne, ou ailleurs, la somme de trente et
six solz parisis en disant audit Jehan
Basin qu'il luy faisoit grâce du surplus.
Et toutes voies ne povoit debvoir led.
Jean Basin pour le droit de péage pour
chacun chariot que vingt deniers ou
environ, mais pour eschever plus grant
perte, et que ledict Jehan Bridelle ne
l'empeschast ou délaiast ou faict de sa
marchandise plus que devant il luy con-
vinst payer lad. somme, lesquelles choses
sont et ont esté faictes au grand préjudice
ou dommage des complaignans et en les
troblant et empeschant en leursdictes
possessions et saisines a tort sans cause
indeuement et de nouvel sy comme ilz
dient... »

Défense à Bridelle de continuer.

Signé : par le roi, Fréron. Scellé en
simple queue de cire jaune, (duquel sceau
il en reste fort peu).

Lettres de Philippe de Bourgogne conte de Flandres, d'Arthois et de Bourgogne, palatin, seigneur de Salins et de Malines, à son gouverneur de Péronne, Montdidier et Roye, ou son lieutenant, relatives au péage abusivement perçu sur les marchandises achetées en la ville, à la sortie. (Péronne, 26 août 1427.)

Lettres de Louis XI (Noyon — 9 juillet 1477) sur le même objet, portant que les mayeur et jurez avaient déjà présenté les lettres anciennes pour en avoir l'entérinement, « mais obstant la guerre qui puis naguère a esté mesmement la mortalité qui a esté audit Péronne en l'an 1471 et en laquelle sont allé de vie à trespas Jehan le maire et Raoult de Soubite clers ou greffier de leur auditoire ès mains desquelz l'on dit lesd. lettres avoir été mises, icelles nos lettres n'ont esté et sont à présent adhirées. » Confirmation des dons, priviléges et octroys antérieurs. *Signé* : par le Roy, Chaulbon, et scellé en simple queuë du grand sceau de cire jaune.

Lettres du même (Arras, 20 septembre 1477) confirmant celles de Philippe de Bourgogne données en l'année 1427. « Au moyen de ce que un petit temps

ensuivant icelluy (1427) notre bel oncle
fist transport desd. villes et prévostez de
Péronne, Montdidier et Roye, à nostre
très cher et amé cousin le conte de
Nevers .., ses officiers ou fermiers dudict
péage désirans augmenter le droit d'icelluy ont exigé ledit droict à tort et à
contreraison des voitures à cause de leur
retour, au grand grief, préjudice et
dommage de la ville, et en la diminuti'n
d'icelle nostre ville, mesme du bien
et utilité de tout le pays, en nous requé-
rant avoir sur ce provision et nostre
grâce leur estre impartie. Pourquoy ne
voulans que lesd. supplians de nostre
ville de Péronne qui est clef de pays
marchissant à l'empire estre préjudiciez
en aucuns de leurs droictz, libertez et
franchises anciennes demeurer obscures
ne détruis au préjudice de la chose
publicque, mais iceulx aclercir à l'utilité
et proffict d'icelle notre ville... » — ordre de
laisser jouir les Péronnais de la franchise
de péage.

Signé : par le roy, Foulet. Scellé en
simple queuë du grand sceau de cire
jaune.

COPPIES

DE PLUSIEURS CHARTRES

FAISANT MENTION QUE LES HABITANS DE LA VILLE DE PÉRONNE NE DOIBVENT PAYER POUR LE BLED QU'ILZ VENDENT ET FONT SORTIR HORS DU ROYAULME POUR TOUTE IMPOSITION FORAINE ET ISSUE HORS DU ROYAUME QUE QUATRE DENIERS PARISIS DE CHACUN MUY DE BLED.

Lettres patentes de Charles VIII (Gien, 2 décembre 1484) aux bailly de Vermandois, gouverneur de Péronne, Montdidier et Roye, ou à *leurs* lieutenants. « Combien que les habitans es prévostez et eslection de P. M. et R. qui sont assises et scituées es pays de frontière et extrémitez de notre royaulme sur les pays de Cambrésis et de l'Empire ont toujours accoustumé pour le bien et entretenement desd. villes, de la chose publicque du pays faire mener et entretenir marchandise de blé et autres grains et iceulx mener et faire mener hors d'icelles villes et prévostez en payant le droit de 4 deniers parisis pour muy de grain qui est appellé issue du royaulme et que de ce lesdictz habitans ayent accoustumé joyr et user de tel et de sy long temps qu'il n'est mémoire du contraire et sans aucun empeschement, néantmoins puis naguères soubz umbre d'un bail qui a esté fait de l'impôt forain à un nommé Jehan Turgis, demeurant à Paris, pour cœuillir et recevoir sur les denrées traictées et menées es lieux ou nos aydes n'ont cours, et soubz son tel quel donné a entendre a obtenu nos lettres... Les commis voulant prélever le droict d'imposition foraine qui est de vingt solz douze deniers sur lesd. blez et grains levez traiz et menez hors d'icelles villes et prévostez ou lesd. aydes n'ont cours, qui est contre raison. Car du muy de blé et autre grain qui est environ la charge de deux chevaux seulement mené et traict hors de ced. royaume l'on paye et acquitte journellement 4 deniers parisis comme dict est a nostre proffit. En prélevant l'autre droit, il y aurait double emploi... « Considéré que lesd. villes sont hors de tous passaiges, et que en icelles, ni aud. pays n'a quelque marchandise courant, fors seulement dud. grain qui se pourroit par ce du tout abolir et anéantir qui pourroit estre la destruction des habitans dudict pays...» Pour faire cesser de semblables exactions, ordre aux baillis et gouverneurs de veiller à la juste perception des 4 deniers par muid, et non plus.

Par le roy, *signé* : Primaudan, et scellé en simple queue de cire jaune.

Lettres de François 1ᵉʳ (Paris, 20 janvier 1534) confirmant celles de Charles VIII. Par le roy, *signé* : Bochetel, scellé en simple queue de cire jaulne. *Lettres* de Henri II (Esclaron, 4 juin 1548) confirmant les précédentes. Contresigné : Robillart, scellé en simple queue du grand sceau de cire jaulne.

Pièces pour monstrer que les habitans de la ville de Péronne doibvent le droit d'issue et part de ville, qui est le dixiesme denier des meubles et maisons qu'ils vendent quittans la ville et allant demeurer ailleurs, suivant les art. 15, 16 et 17 de la coustume locale de lad. ville.

(Voir ces articles, page 28).

18 janvier 1572. Jacques d'Humières, seigneur dudict lieu chᵉʳ de l'ordre du roi, son chambellan ordinaire gouverneur de Péronne, Montdidier et Roye.

A lad. ville compète, appartient entre autres droictz, droict seigneurial tel que du dixiesme denier de la valeur de tous biens meubles appartenant aux habitans et résidens en lad. ville qui se départent et vont demeurer en autres lieux, et encore des maisons et héritages scituez

en lad. ville que lesd. habitans qui se
sont départys et despartent ou leurs
héritiers estrangers vendent à leur parte-
ment ou après. . (Suit l'ordonnance de
d'Humières. Adrien Lefèvre conseiller du
roy, lieutenant civil et criminel au gouvernement. (Originaux parchemin).

LETTRES

PORTANT QUE LES NOBLES ET OFFICIERS DU ROY
DEMEURANS EN LA VILLE DE PÉRONNE SONT
COTISABLES COMME LES AUTRES HABITANS DE
LAD. VILLE LORSQU'IL SE FAICT LEVÉE DE
QUELQUES DENIERS SUR EUX.

Charles V à son premier sergent. Les
manans et habitans s'étant jaçoit com-
posez à certaine et grosse somme de
fiorins à cause des aydes ordonnez sur le
faict de la provision et deffense de nostre
royaulme, laquelle se debvoit sans aucune exception assir, lever et queillir sur
un chacun des manans et habitans, selon
la portion, néantmoins aucuns soydisans
estre nobles et plusieurs d'autres de
plusieurs conditions demeurant en lad.
ville se veulent exempter de lad. composition.

Ordre à chacun de contribuer sans distinction, d'assigner ceux rebelles et refusans à Paris et par main-mise devant les conseillers nos généraux esleuz, pour répondre sur lesd. rébellions et désobéissances.

Paris, 13 may 1365. Sceau en simple queue du grand scel de cire jaulne.

(Original parchemin).

ACQUISITION

FAICTE PAR MESSIEURS LES MAYEUR ET ESCHEVINS DE LA VILLE DE PÉRONNE D'UN FIEF SUR LES CERVOISES ET GONDALES ET D'UN AUTRE SUR LES MOULINS DE LA VILLE.

(1391)

———

A tous ceulx qui ces présentes lettres verront ou orront, Jehans Buridan, escuyer, garde du scel de la baillie de Vermandois, estably à Péronne, de par le roy nostre sire, salut. Sçachent tous que pardevant nostre amé et féal lieutenant Raymond Domlet et commis quant a ce, est venu et comparu personnellement Robert de Vraquencourt, escuyer, demeurant à Vraquencourt sy comme il disoit et recognut pour son proffict apparant et pour secoure a ses besoins et nécessitez avoir vendu bien et loyalement a honorables hommes et sages mayeur et jurez de la ville de Péronne tout un fief entièrement tenu du roy nostre sire a cause de son chastel de Péronne, contenant six livres parisis avec les forages des cervoises et gondalles que ledict escuyer avoit sur la ville de Péronne, que en tient sire Quentin Branque, conte-

nant dix huict septiers de bled par an
sur les moulins du roy nostre sire.

Pour de ce joir user et possesser par
ladicte ville en tous proffictz quelconques
depuis hores en avant héréditablement
perpétuellement et a tousjours parmy le
prix et somme de sept vingtz et dix
francs d'or du coing et forge du roy
nostre sire que ledict recognoissant
vendeur en a cogneu et confessé avoir eu
et receu de ladicte ville, ce dont il s'est
tenu pour content à plain pays et satis-
faict, et en a quictié et clame quitte
ladicte ville à tousjours. Promettant
loyalement ledict Robert recognoissant
vendeur que jamais contre ledict ven-
dage quittance ni contre aucunes des
choses dessusdictes, il ne ira ne venra,
aller ou venir ne fera, ne ne souffera aller
ou venir par luy ne par autruy. Mais tout
ledict fief et appartenances par luy
vendus comme dict est garandira délivrera
despeschera et portera quitte paisible et
garant envers tous et contre tous ausd.
acateurs à leurs ayans cause de tous
troubles débatz douaires par ques par
chons quins obligations et de tous aucuns
empeschemens quelconques qui mis ou
faictz y seroient par qui que ce fust ou
peut-estre eu temps présent ou advenir.

Et en oultre sont venus et comparus
pardevant nostre dict lieutenant Gille de
Braquencourt, Jaques de Braquencourt,
demeurant à Méricourt, Miquiel de Braquencourt, demeurant à Biaumartin, tous
frères dudict Robert vendant, lesquelz et
chacun d'eux pour tant comme il luy
touche, ont loé ratiffié et accordé ladicte
vente et ledict marquiet et vente et
toutes les choses dessud. promirent et
jurèrent loyalement et par leurs fois à
tenir, entretenir et accomplir de point en
point sans jamais aune pour aller faire ne
souffrir aller à l'encontre en aucune
manière.

Et a tout ce que dessus est dict fermement tenir, warandir, entretenir et accomplir et a rendre et restorer a plain tous
coustz frais intéresiz et dommages qui
pour ce seroient faictz ou encourus, en
ont tous lesd. recognoissans obleigé et
alloé, c'est a sçavoir ledict Robert vendeur
et ses dessusd. frères eux leurs hoirs
leurs successeurs, tous leurs biens,
et les biens de leurs hoirs et de leurs
successeurs, meubles, immeubles cateux
et héritages présens et advenir, tout
prendre vendre et exécuter tel seur tel
vente, par tous sergens par tous jus-
tiches sans aucun meffaict, jusques a

l'accomplissement des choses dessusd. et
sans aucune chose dire ne proposer a
l'encontre par leursd. fois et sur l'amende
du roy nostre sire. Renonchant quant ad
ce ledict vendeur recognoissant. et sesd.
frères a tout ce chose tenir entretenir qui
aider et valoir leur pourroit contre le
teneur de ces présentes et mesmement au
droit disant général renonciation non
valoir. En tesmoing de ce nous a le relation de nostre dict lieutenant avons mis
a ces lettres le scel de ladicte baillie sauf
le droict du roy nostre sire et l'autruy,
che fu faict en l'an de grâce mil trois
cent quatre vingt et unze Le vingt-
huictième jour de décembre, *signé;* sur le
reply : Vilet, et scellé.

*(Original en parchemin, encore sain et entier
d'écriture, en 1635.)*

COPIE D'UN BAIL A CENS

FAISANT MENTION DU CHAPEAU DE ROSES QUE M.
LE MAYEUR PORTE EN SA MAIN LE JOUR DE SAINT-
JEAN-BAPTISTE AU MESME INSTANT QU'IL EST ESLEU.

(1415)

A tous ceulx qui ces présentes lettres
verront ou orront, Jehan de Soubitte
Laisné à présent garde de par le Roy
notre sire du scel de le baillie de
Vermandois estably à Péronne, salut.
Scachent tous que pardevant nostre amé
et féal lieutenant Mᵉ Gille Hennon,
licentier es lois et commis quant a ce, est
comparu en se personne Jehan de Hardenchin, escuyer seigneur de Maisons et
de Boissavesnes demeurant aud. lieu de
Boissavesnes si comme il disoit, et a
recogneu que pour son proffict clair et
évident apparant il avoit et a prins et
retenu a loyal cens ou rente annueulx et
perpétueux de honorables et sages les
Maire Jurez et communaulté de la viile de
Péronne pour luy et ses hoirs et ayans
cause héréditablement perpétuellement et
a tousjours une place qui est empres le
croix du Castel en l'estrainte et com-

munaulté d'icel'e ville. En laquelle place
a de présent plusieurs ordures et faisiaux
que ledict Jean de Hardenchin sera tenu de
faire nettoyer a ses despens et sera le
croix qui est en icelle place; ôstée, remise
et rassise aux despens dudict escuyer
recognoissant oultre le place par luy
prinse au lez derrière sainct Fursy sur
l'estrayure et comunaulté de la ville. Et
laquelle place prinse par ledict recognoissant se comprent a l'endroit d'une
potence qui est en le maison de Luce de
Sailly que on appelle l'*Escu de Flandre* en
allant a lingne a un estot qui est outre le
cauchie.

Et dudict estot a le lingne de la tou-
relle de l'estoterie, en retournant d'icelle
ligne aussy à un autre estot qui est
frappé pour le voirie de la ville en allant
à Saint-Fursy. Et en retournant lad.
place à le maison qui fut à Jean Bourguegnon et par derrière ledict estot
frappé à l'endroict de lad. potence en
descendant à un aultre estot qui se
avale en allant vers le chastel qui
retourne à lingne de la maison dudict
Bourguegnon. Et ausquelz asseus bornez
ont esté mises et assises du consentement
desd. parties par la justice et eschevins
de la ville de Péronne, pour de laquelle

place par la manière dessus desinée
entièrement jouir user et possesser par
led. Jean de Hardenchin recognoissant
ses hoirs successeurs et ayans cause en
tous proffictz et émolumens quelconques
depuis horsenavant héréditablement perpétuellement et a tousjours pour parmy
et moyennant le prix et somme de seize
solz parisis, deux chappons et un cappeau
de roses vermeilles que ledict Jean de
Hardenchin ses hoirs ou ayans cause
sont et seront tenus et a promis juré
et canté loyaulment et par sa foy pour
ce corporellement baillié en la main
de nostre dict lieutenant et sur l'amende
du roy nostre sire à applicquer à icelluy
seigneur de rendre et payer chacun an
depuis horesnavant à ladite ville aux
argentiers d'icelle ou au porteur de ces
présentes lettres aux termes et par la
manière qui cy-après senssuit, c'est à
sçavoir : huict solz parisis au jour Saint-
Pierre entrant aoust, item les deux chappons au jour de Noël, item huict solz
parisis au jour de le Chandeleur et ledict
cappeau de roses vermeilles au nouvel
majeur de ladicte ville de Péronne le
jour Saint-Jean-Baptiste en dedans huict
heures du matin, et commencera ledict
Jean de Hardenchin à payer pour le

premier an terme et payement huict solz
parisis au jour Saint-Pierre entrant aoust
qui sera l'an mil quatre cens et seize,
item les deux chappons pour ledict
présent an au jour de Noël ensuivant,
item huict solz parisis pour icelluy
premier an au jour de le Chandeleur
prochain après, et ledict cappiau de roses
vermeilles au jour Saint-Jean-Baptiste prochain après ensuivant par le manière dessus
déclarée, et ainsy depuis la en avant en
poursuivant continuant et payant d'an en
an et de terme en terme héréditablement
perpétuèllement et à tousjours. Item avec
ce est et sera tenu ledict Jean de Hardenchin ou les ayans de luy cause de
amaser ladicte place bien et souffisam-
ment dedans trois ans prochains venans à
conter du jour de la datte de ces présentes et
avec ce est et demeure ladicte place, sera
et demeurera à tousjours perpétuellement
à l'obéissance de la ville, et en la justice
d'icelle en tous cas comme les aultres
lieux qui sont appartenans et de l'essence
de ladicte communaulté et au proffict de
ladicte ville, tous les proffictz et émolumens qui y escherront à cause de la
justice de la ville.

Et avec ceux est et sera tenu led. Jean
de Hardenchin et les ayans de luy cause

de mettre sur comme dict le croix et
édifices d'icelle qui est audict lieu et
icelle remettre en autre et aussy soufisant
estat quelle est de présent en la place et
comunaulté de la ville qui est au lez
d'entre Sainct-Fursy outre et pardessus le
lieu dessus désiné et baillié comme dict
est. Si comme tout ce ledict recognoissant
a recognu promis passé et, accordé
pardevant et en la main de nostre dict
lieutenant. Et, pour tout ce que dessus
est dict, fermement tenir, rendre, payer,
enteriner et accomplir, et pour rendre et
restorer tous coustz frais qui pour ce
seroient faictz, mis ou encourus contre
que ce fut, en a ledict Jean de Hardenchin recognoissant, obligié et alié luy ses
hoirs, ses successeurs tous ses biens et
les biens de ses hoirs et ses successeurs
meubles immeubles, cateux et héritages
quelconques présens et advenir, tout pour
prendre saisir arrester louer vendre par
tout sans méfaire jusques au plain payement et accomplissement de ce que dict
est, et sans aucune chose dire ne proposer
a l'encontre par sad. foy et sur l'amende
du roy nostre sire, en renonceant quant
ad ce ledict recognoissant a tout ce
généralement et espéciallement qui ayder
et valoir lui pourront en allant contre le

teneur de ces lettres, et mesme au droict
disant général, renonciation non valoir.
En tesmoing de ce nous a la relation de
nostre dict lieutenant avons mis a ces
présentes Lettres le scel de lad. baillie
sauf le droict du roy nostre sire et l'autruy.
Ce fust faict en l'an de grâce mil quatre
cens et quinze le vingt troisiesme jour du
mois de juin. Ainsy signé : Ruchome. Et
sur le reply : *Hennon*. Et scellé à double
queue de cire verde.

(Original parchemin).

EXTRAICT

DE CERTAINES LETTRES EN PARCHEMIN, ESCRIPTES
EN ANTIEN LANGAGE, CONTENANT L'ESTENDUE
DE L'ANCIENNE BANLIEUE DE LA VILLE DE
PÉRONNE, EN L'AN 1228.

C'est le devis de le banlieue que Guy
de Bestisy, prévost Le Roy par le commandement Le Roy de France livra au
castel de Péronne au temps que Baude
fut maire. Il commencea à Haron Fontaines diston et d'illec jusques a lecluse
de Bazincourt ainsy comme la rivière se
porte jusques à leaue et jusques au pont
de Halles, et d'illec jusques au courtil de
Fuliecourt deca à l'eaue de Halle, et
d'illec jusques au courtil du Mont-Sainct-
Quentin par deca devers Péronne, et
d'illec jusques au courtil de Bussu pardeca
devers Péronne, et d'illec jusques à la
carriè e du bois de Rocogne pardevers
Péronne et dillec à la grande pierre
deca de Doing, et d'illec à labre de
Brunetel pardevers Péronne, et d'illec au
courtil d'Esterpigneul pardevers Péronne,
et d'illec à le grande espine et d'illec à
la voye herbeuse deca Barleux dont on

va à Bayencourt et d'illec au courtil
Jean Boitel pardevers Péronne, et d'illec
à Haron Fontaines de rechef.

(Original en parchemin, copié le dimanche
2 septembre 1635, par Jean Dehaussy,
advocat et greffier en chef de la ville).

COPPIE D'UN VIEIL EXPLOICT

FAICT A LA REQ^{te} DES MAYEUR ET JUREZ DE LA
VILLE DE PÉRONNE AU S^r DE BOUCHAVESNES.

(11 OCTOBRE 1380)

———

A honnorable homme et saige mon chier
seigneur et maistre le prévost de Péronne
ou son lieutenant, Pierre Dumolin, sergent
du roy nostre sire, et ly vostre en ledicte
prévosté, honneur, service, révérence,
aveuc toute obéissance, chiers sires et
maistres, plaise vous sçavoir que par
vertu de vostre commission ad mie adre-
chié, parmi et aveuc laquelle ceste mienne
présente rescription est annexée. Et pour
icelle entremestre, Je, à la requeste du
procureur, maieur et jurez de la ville
de Péronne, le unziesme jour du mois
d'octobre l'an mil trois cent quatre-
vingt me transportay en la ville de
Boussavesnes pardevers et à la personne de
noble homme de Boussavesnes, chevalier,
auquel en le présence de plusieurs bonnes
gens lux et exposay lad. commission et
icelle leuë adjournay led. chev. pardevant
vous ou vostre Lieutenant en le court du

roy nostre sire à Péronne au sabmedy
XIIIe jour de cest présent mois d'octobre en
quinze jours, pour respondre tant audict
procureur de la ville et à la justice de lad.
ville de Péronne comme au procureur du
roy nostre sire en tant qu'il verra qui
luy touchera et à chacun d'eux tant
conjoinctement comme divisement sur les
choses déclarées et exprimées en ledicte
commission et les despandanches d'icelle
procedder et aller avant en oultre selon
raison tout par la somme et manière que
mandé et commis me estoit à faire par le
teneur de ledicte commission. Lequel
chev. me dict et respondit qu'il croit bien
ce que je disois. Et tout ce vous certifie
je, par ceste mienne rescription scellée de
mon scel qui fut faict et donné l'an et
jour dessusd. (Scellé en simple queuë de
cire jaune.)

CHARTRE

DU ROY CHARLES LE BEL

PAR LAQUELLE IL OCTROYE AUX MAYEUR ET ESCHE-
VINS DE LA VILLE DE PÉRONNE, UNE OBOLE SUR
CHACUN LOT DE VIN VENDU EN LAD. VILLE, ET
UNE PITTE SUR LA BIÈRE.

(1326)

Carolus Dei gratiâ Franciæ et Navarræ
rex universis presentes litteras inspecturis
salutem. Notum facimus quod cum carissimus dominus frater noster Philippus
quondam dictorum regnorum rex ad
relevationem onerum debitorum quibus
villa nostra peronensis opprimi dicitur
hiis diebus, majori, juratis et communitati
dictæ villæ inter cetera per suas concessit
litteras quod de quolibet loto vini in dicta
villa ad brochiam quibuscunque personnis
vendito et at in singulis ipsius villæ
domibus expenso unus obolus dictis
majori juratis et communitati solvatur
prout in litteris ipsius domini fratris nostri
plenius vidimus inter cetera contineri,
Nos ut circa relevationem onerum his
nostro mediente sufragio citius sucurratur

predictis majori juratis et communitati ex
afluentia majoris genere concedimus
quod ipsi una cum obolo eo de quolibet
loto vini modo quo supradictum est jam
per dictum fratrem nostrum concesso,
alium obolum quandiu dumtaxat nobis
placuit quem quislibet obolum prœdictæ
ipsius fratris nostri gratiæ de nostræ
potestatis plenitudine ex certa scientia
adjungimus levare et percipere possint
ac etiam de quolibet loto cervesiæ et
godalæ in dicta villa vendito vel expenso
unam portemnam quodque illi qui predicta
vendiderint vel expenderint pro quolibet
loto vini sic vendito vel expenso unum
denarium parisiense et pro quolibet loto
cervesiæ vel godalæ sic vendito vel
expenso tam de dicta fratris nostri quam
nostra gratia solvere compellantur. Volen-
tes insuper et mandantes quod quidquid
inde perceptum et levatum fuerit in
solutionem debitorum dictæ villæ annis
singulis comitatur. Quodque decanus
ecclesiæ peronensis, Thomas Hurtevin
prepositus peronensis et Guillelmus Grenier de Perona de receptis hi, vel duo ex
ipsis sopetas audiant et in solutionem
debitorum dictæ villæ faciant committi.
Istud eis tenore presentiam vel duobus
ex ipsis committentes presentibus dum-

taxat quemadmodum nobis placuit vali-
turis In cujus rei testimonium sigillum
nostrum est appensum. Datum apud
Villare Cossum Resti, xvj die junii anno
domini mil. trecentes. vicesimo sexto.

Et sur le reply est escript : p. d. regem
presente domino Valesiæ ad resem. d. de
Royat, Andreæ de Florentia. et scellé
en double queue du grand sceau de cire
jaulne.

ASSIETTE

FAICTE DE LA SOMME DE 500 LIVRES SUR TOUS
LES HABITANS DE LA VILLE DE PÉRONNE, FAULX-
BOURGS ET BANLIEUE EN L'AN 1595.

———

Extraict du roolle de lad. assiette dans lequel sont compris tous les habitans depuis le premier jusques au dernier, ensemble toutes les communautez et les vilages de la banlieue commenceant par ces motz :

Ensuivent les maisons pour lesquelles taxe a esté faicte sur les propriétaires tant gentilhorâmes que aultres.

Et premier :

La maison du M¹-S¹-Quentin.	iiii¹
Le pressoir du M¹-S¹-Quentin.	i¹
La maison appartenant aux enfans de feu Michel Maillart.	iii¹
La maison *du Cerf* appartenant à la vefve Noël de Pot pour sa part.	iii¹
La maison de Pierre Lagnier.	i¹
La maison de Hauteville.	ii¹
La maison de M. de la Tour.	iiii¹
La maison de M. de Beaufort.	ii¹
La maison de la Commanderie d'Ester-pigny.	iiii¹
La maison du curé de Cappy.	i¹

La maison du sieur Duplessier de
   Biach. . . . .   iii^l

La maison du curé de Biach. . . .   xL^s

Lhostel de Cléry. . . . .   iiii^l

Lhostel de Longueval. . . . .   ii^l

La maison de l'abbaye de Biach. .   i^l

Lhostel de Sailly. . . . .   iiii^l

La maison de M. de Barrast. . . .   ii^l

La maison de M. de Sains. . . . .   ii^l

La maison du curé de Curlu. . . .   i^l

La maison du curé d'Estrées. . . .   xxx^s

La maison de M. de Willencourt. .   ii^l

La maison et confrérie de Saint-
   Ladre. . . . .   i^l xxv^s

Lhostel de Pienne. . . . . . .   iiii^l

La maison de M. de Cormy. . .   xv^s

ENSUIVENT LES COMMUNAULTEZ

Le chapitre de Saint-Fursy, curé et chappellains
   de l'église paroissialle et aultres prestres
   habituez d'icelles. . . . . .   cxx^l

L'église Saint-Jean-Baptiste. . .   xx^l

L'église St-Sauveur. . . . . . .   xii^l

L'église St-Quentin-Capelle . . .   x^l

ENSUIVENT LES HABITANS DE LA VILLE.

Et premier :

La vefve Dottré. . . . .   i^l xx^s

Jean Francel. . . . .   xx^s

Jean Collebois. . . . .   xx^s

FAULXBOURGS ET BANLIEUE DE PÉRONNE

Bretagne. . . . .   L^l

Soibotécluze. . . . .   xL^l

Saincte-Radegonde.	xx^l
Halle.	xx^l
Flamicourt	x^l
Doing.	xxiiii^l
Biach et paroisse.	L^l
Allaignes, Fuliécourt, Le Vivier et le Mont-Sainct-Quentin	LX^l

Totalle so^e : MDLXCIX livres XXVIII sols

Fait et arresté en la chambre du conseil de ladite ville le VIe de septembre MDXCV par Nous Mayeur, eschevins jurez et mayeurs de mairries dud. Péronne soubzsignez. Ainsy signé : Chocquel, Fonchet, Demarle, sans tirer à conséquence pour l'advenir, Prévost, Nepveu, Denyau, Le Vasseur, Pinchepré, Jean Pottier, de Sailly, Lefran.

Michel d'Estourmel, sieur dudit lieu, chev^r de l'ordre du roy cap^{ne} de 50 hommes d'armes de ses ordonnances, gouverneur et lieutenant général au gouvernement de Péronne, Montdidier et Roye, donne au premier sergent royal sur ce requis ordre de toucher le montant de l'assiette ci-dessus, qui est destiné aux fortifications et réparations de la ville. Fursy Denyau était alors argentier de la ville. 6 août 1595, Péronne.

REQUÊTE PRÉSENTÉE AU ROY

POUR FAIRE VALIDER LAD. LEVÉE

AU ROY.

Sire,

Supplient en toute humilité les mayeur, eschevins, manans, habitans et commune de votre ville de Péronne, disans que pour se fortifier contre l'armée de l'Espagnol ennemy de vostre couronne qui avoit jà siégé et prins le Castelet, et les ville et château de Dourlens, auroient par advis du seigneur d'Estourmel leur gouverneur faict assemblée publicque en l'hostel de lad. ville comme il est accoustumé, où après plusieurs considérations mises en avant auroit esté résolu du consentement mutuel d'un chacun que les maire et eschevins d'icelle ville prendroient la somme de quinze cens escus en constitution de rente ou autrement pour employer aux affaires plus nécessaires tant aux remparts de lad. ville que munitions de guerre pour résister virilement aux ennemis, et s'opposer à un siège sy d'aventure il se présentoit, comme ilz s'en vantoient, et où l'on ne pourroit trouver lad. somme à rente elle se pren-

droit par forme d'emprunt sur tous les
habitans tant ecclésiastiques, gentilz-
hommes mineurs et autres ayans maisons
en lad. ville, faulxbourgs et banlieue,
suivant quoy n'ayans lesd. eschevins
peu recouvrer deniers à rente pour le
peu de revenu qui appartient à lad. ville
auroient esté contrainctz d'emprunter et
faire assiette desd. deniers sur chacuns
habitans, soubz l'espérance que Vostre
Majesté l'auroit pour agréable, attendu
la nécessité et importance de la ville,
sans préjudice à leur exemption à eux
accordée ne soubz promesse expresse
dud. seigneur d'estre remplacé.

Ce considéré, Sire, plaise à vostre
majesté avoir pour agréable ledict emprunt
et assiette et icelle authoriser et en ce
faisant qu'ilz seront remplacez et rem-
boursez de lad. somme sur telle nature
de deniers qu'il vous plaira ordonner, et
à l'advenir, pour leur donner moiens de
continuer lesd. fortifications et réparations,
leur accorder les droitz de trois escus
mis sur chacun tonneau de vin entrant
en lad. ville, faulxbourgs et banlieue et
gros bourgs de ce gouvernement de
Péronne et seront tenus de prier Dieu
pour vostre prospérité et santé.

Le roy a ordonné que lettres de vali-

dation seront baillées pour lad. levée de
xvc livres qui seront expédiées sous le
nom de S. M. pour son service, et non
soubz les noms desd. supplians et d'aultant
que le subside d'un escu pour muid de
vin est affecté à autres effectz ne peut
sad. Majesté accorder le remplacement
requis sur icelluy. Faict à Péronne le xix[e]
jour d'octobre 1595. Signé : *Potier*.

LETTRES DU ROY

POUR LA VALIDATION DE LAD. ASSIETTE.

Le roy se ressouvenant que pendant
son voyage de Lyon en l'année dernière
les habitans de la ville de Péronne pour
ne laisser demeurer ou retarder les fortifications encommencées en ladicte ville,
menassée comme elle estoit lors d'un
grand siége, pour subvenir à ceste
nécessité de leur bon gré franchement et
librement ilz prindrent a intérest la somme
de quinze cens escus attendant la levée
qui s'en fist en mesme temps soubz nostre
bon plaisir sur eux mesmes qui depuis a
esté validée et approuvée par sa majesté
sçachant qu'il reste plusieurs des cotisez
refusans et dilayans de satisfaire a leur
cotte part desd. quinze cens escus au

préjudice et grand intérest des magistratz
de lad. ville obleigez a la restitution du
principal et aux intérestz qui les suivent
soubz prétexte de ce que nosd. lettres de
validation et approbation n'ont encore
esté scellées sad. Majesté ne voulant, pour
l'importance dudict emprunt et du subiect
pour lequel lesd. magistratz se sont obligez
que cela empesche l'entier paiement et
acquit de lad. somme de quinze cens
escus elle a ordonné et ordonne que
nonobstant que lesd. Lettres d'adveu ne
soient scellées et toutes excuses cessans
chacun des cottisez soit abstrainct a
l'acquit de sa taxe par toutes voyes deues
et accoustumées pour ses deniers et
affaires, nonobstant oppositions ou appellations quelconques et sans préjudice
d'icelles pour lesquelles elle ne veut led.
payement estre aucunement différé.

Faict au camp de Péronne le xxvii^e
jour de may 1596.

Signé : HENRY,

Et plus bas : POTIER.

ORDONNANCES DIVERSES

DE L'ECHEVINAGE DE PÉRONNE

1ᵉʳ JUILLET 1631.

Est ordonné que doresnavant les plaidz ordinaires se tiendront en la chambre de ladite ville en temps d'esté à huict heures et en hiver à neuf heures, ce qui sera signifié à tous les procureurs afin qu'ilz aient à eux trouver ausd. heures pour faire les expéditions jusques à dix heures, les jours de mardy et vendredy.

LUNDY 30 OCTOBRE 1662.

Deffense aux vendants viande de se trouver au marché aux volailles et au marché aux poissons paravant 9 heures du matin pour le poisson et 10 heures aux volailles. Notamment au maistre des maisons de Saint-Martin de Soibotécluse, celui des Trois-Poissons dud. lieu, le Cheval blanc, La Verdure, le maistre Saint-Anthoine, la veuve Gaudelet, le maistre des Trois Roys, le Verd Galland, le Dauphin, Gille Pallen, de la Tour, Marchandise, du faubourg de Bretagne et tous autres, d'achepter avant

lad. heure à peine d'amende et confiscation.

———

RÈGLEMENTS

POUR LA MILICE BOURGEOISE

———

LUNDY 28 MAY 1674.

Sur ce quy a esté représenté à la
Chambre par les capitaines de quartier
de cette ville, que lorsqu'ils sont com-
mandez pour le service du Roy ou de la
ville, il survient presque toutes les fois
des difficultez, pour ausquelles obvier,
ils désireroient avoir un règlement, Messieurs ont résolu qu'ès allarmes de jour
et de nuict, celuy du XIIIe avril de
l'année 1638 (1) sera exécuté et suivy
de point en point, sur les peines et
amendes y portées, y augmentant que
les antiens mayeurs, capitaine des bourgeois et des cannonniers se trouveront
près de la personne du commandant pour
recevoir ses ordres et seront lesd. antiens

———

(1) Le règlement du 13 avril 1638 n'existe pas
sur le registre aux résolutions de la ville.

mayeurs et capitaine des cannonniers
exempts des reveuës et parades, et lorsque
les bourgeois et habitans seront com-
mandez pour faire la parade, ils suivront
l'ordre qui ensuit :

Premier quartier : sera celuy de l'hostel de ville qui sera commandé au deffault
du mayeur par le capitaine des bourgeois
et par M° Jean de Frémicourt, son lieutenant en ce rencontre seulement, sergent
Jean Carpentier.

Second quartier : sera celuy du belfroid
qui sera commandé au deffault du lieutenant du mayeur par M° François de
Villers esleu, qui aura rang de dernier
capitaine, et par M° Charles Huet son
lieutenant, Simon Magner et André
Théry, sergentz.

Troisiesme quartier : sera celuy du
bastion de Vendosme, et sera commandé
par M° Jacques Vitte, capitaine, et Jean
Dequan, lieutenant, Louis de la Robinière
et Laurent Bellemant, sergentz.

Quatriesme quartier : sera celuy de
la porte neuve de Saint-Sauveur et sera
commandé par M° Louis Aubé, capitaine,
son lieutenant Nicolas Hombert; sergentz :
Martin Ficherolles et Jacques Guilbaut.

Cinquiesme quartier : sera celuy du

bastion Royal et sera commandé par Jean de Montigny, capitaine, lieutenant François Dumont, Louis Estevé et Jean Gobet, sergentz.

Sixiesme quartier : est celuy du bastion de Richelieu, et sera commandé par Georges Harlé; lieutenant, Louis Quentin; Pierre Allart et Michel Cassel, sergentz.

Septiesme quartier : sera celuy de la porte de Paris et sera commandé par Jean Hugot, capitaine; François Pieffort, lieutenant; Toussainct de Launay et Robert Moette, sergentz.

Huictiesme quartier : sera celuy de Sainte-Claire et sera commandé par Louis de Lanchy capitaine ; lieutenant Henry de Lespinne; sergentz Solente et Baligan.

Neufviesme quartier : sera celuy d'Angard, et sera commandé par Me François Regnart, président, capitaine; Mathias Pillot, lieutenant; Pierre de l'Eaue et Jean Collin, sergentz.

Le dixiesme sera celuy de Saint-Michel, commandé par Me Abraham Vuibert, capitaine; lieutenant Anthoine Le Vasseur; sergens Hugues Vuasson et Nicolas Poullain.

Capitaine des bourgeois : Me Fursy Dournel, conseiller; son lieutenant Me Louis Boitel esleu, enseigne.

LUNDY 9 OCTOBRE 1686.

Sur ce qui a esté représenté par le procureur de l'eschevinage (Wallet, succes-
seur de Lynart depuis 1683 environ) que
pour obvier aux difficultés qui arrivoient
entre les officiers des quartiers au subject
de leur marche, lorsqu'on mettoit la bourgeoisie sous les armes, les uns prétendant
estre plus antiens officiers que les autres,
ce que l'on ne pouvoit pas connoître attendu
que lesd. officiers estoient le plus souvent
créé officiers sans prester de serment et
sans qu'il fût dressé d'acte de leur création, et requéroit qu'il y fut pourveu... la
Chambre a résolu que tous les officiers de
la bourgeoisie presteront le serment à la
Chambre d'estre fidel au Roy et à la
ville et qu'acte sera dressé de leur prestation de serment et marcheront à
l'advenir lorsque la bourgeoisie sera mise
sous les armes à la teste et à la queue de
leurs compagnies en sortant de leurs
quartiers, et lorsque lesd. compagnies
auront formé un bataillon, les officiers
marcheront ainsy :

Me Fursy Dournel, colonnel, aura le
quartier de l'hôtel-de-ville.

Me Louis Boitel, lieutenant-colonnel,
aura le quartier du belfroid.

Mᵉ Abraham Vuibert, capitaine du premier quartier de Saint-Michel.

Mᵉ François Devillers, capitaine, lieutenant du quartier du belfroid. (Le lieutenant-colonel commandait en premier ce quartier).

Mᵉ Jean de Frémicourt, capitaine, lieutenant du quartier de l'hôtel-de-ville. (Le colonel commandant en premier).

Mᵉ Jean Bouteville, premier capitaine du quartier de Vendosme.

Mᵉ Charles Landru, major.

Mᵉ Anthoine Frasier, premier capitaine du quartier de Richelieu.

Mᵉ Jean Bédu, capitaine du quartier de la porte Saint-Sauveur.

Mᵉ Pierre Le Vasseur, capitaine en premier du quartier du Royal (bastion).

Mᵉ Mathias Pillot, capitaine du quartier de Hangard.

Mᵉ Louis Aubrelicque, 2ᵉ capitaine du quartier de Richelieu.

Mᵉ Charles Dequan, 2ᵉ capitaine du quartier de Vendosme.

Mᵉ Jean Lebrethon, 2ᵉ capitaine du quartier de Saint-Michel.

Mᵉ Nicolas Pincepré, 2ᵉ capitaine du quartier du Royal.

Mᵉ François Aubrelicque, capitaine du quartier de Sainte-Claire.

Me Charles Vinchon, capitaine du quartier de la porte de Paris.

Le sieur Claude Hutellier, capitaine du faubourg de Bretaigne.

Le sieur Adrien Le Grand, capitaine du faubourg de Paris.

Me François Postel, lieutenant du quartier de l'hostel-de-ville.

Me Robert Fonchet, lieutenant du quartier du belfroid.

Me Louis De Lanchy, lieutenant du premier quartier de Saint-Michel.

Le sieur Jean Compère, lieutenant du quartier de la porte Saint-Sauveur.

Le sieur Guehaigny, lieutenant du quartier de la porte de Paris.

Me Fursy le Brethon, lieutenant du premier quartier de Royal.

Me Charles de Parviller, lieutenant du premier quartier de Richelieu.

Me Clément Boitel, ayde-major.

Le sieur Lalaue, lieutenant du quartier de Hangard.

Me Vincent Bellot, lieutenant du 2e quartier de Richelieu.

Me Fursy Postel, lieutenant du 2e quartier de Vendosme.

Me Jean de la Marlière, lieutenant du 2e quartier du Royal.

Me Jacques Letellier, premier lieutenant du quartier de Vendosme.

M° François Poitou, lieutenant du second quartier de Saint-Michel.

M° Jacques Lalaue, lieutenant du quartier de Sainte-Claire.

Le sieur Le Cat, dit l'Espérance, lieutenant de Bretaigne.

Le sieur Leclercq, dit de la Tour, lieutenant de Paris.

Le sieur Cahiste, mareschal des logis.

Sergents:

Jean Carpentier, sergent de la colonnelle.

Jean Froment et Pierre Vélin, sergens de la lieutenance-colonnelle.

Louis de la Robimer et Charles Clauët, sergens de Vendosme.

Jacques Chastellain et Jean Fargot, sergens du Royal.

Jean Cappron et Anthoine Mauroy, Noël Bouvet, sergens de la porte Saint-Sauveur.

Jean Mathon et Robert Boucher, sergens du quartier de Richelieu.

Nicolas de Villers et Jean-Baptiste Goyel, sergens de la porte de Paris.

Jean Coclet et Michel Léger, sergens de Sainte-Claire.

Henry de Legle et Charles Martin, sergens d'Hangard.

Nicolas Poulain, Louis Caudron, Jean

Rousseau et Louis Barbare, sergens de Saint-Michel.

Est ordonné que les quartiers des bourgeois seront compris de la manière qui suit :

Premièrement : celuy de l'hostel de ville commencera par la maison du sieur Leleu et continuera jusques et y compris la maison qui tient au rempart qui est au fond de la rue des Naviages à droitte.

Celuy du belfroid depuis la maison de Jean Froment, jusqu'à la maison du sieur De Villers inclusivement.

Le quartier de Vendosme depuis la maison de Saint-Martin, rue des Juifs jusques à l'esglise de Saint-Sauveur.

Le quartier de la porte de Saint-Sauveur depuis la vieille porte jusques à la maison du sieur Dehaussy, advocat du roy exclusivement, et de l'autre costé jusques à l'église Saint-Sauveur.

Celuy du Royal sera partagé en deux pour les parades seulement et le premier commencera par la maison du nommé Cabre, au bout de la rue des Naviages et ira jusques à la maison du sieur de Frémicourt inclusivement, et le second quartier commencera à l'autre maison d'après jusques à la maison du sieur Dehaussy inclusivement.

Celuy de Richelieu commencera à la maison des héritiers du sieur Dournel, rue des Juifs, et continuera jusques à la maison des héritiers du sieur Billart et retournant de l'autre costé comprendra la rue Saint-Georges, la poissonnerie, le blocque, et remontera jusqu'à la maison de Parmentier exclusivement.

Celuy de la porte de Paris commencera depuis la maison du sieur de Gournay, y compris le cul-de-sacq, jusques au moulain et de l'autre costé depuis la maison Pieffort et continuera jusques à la maison du sieur Vuallet, dans la rue du Puchot.

Celuy de Sainte-Claire commencera depuis la grange derrière la maison du sieur Aubrelique et continuera tout le rang jusques à la maison de l'*Homme armé* et comprendra encore depuis lad. maison tout ce qui est jusques à la maison du sieur Aubrelique et comprendra encore tout ce qui est depuis la maison du feu sieur Landru jusques à celle de Jean Coclet et encore en descendant jusques au jeu de batoir.

Celuy de Hangard commencera d'un costé depuis la maison de Saquepée jusques à la maison de M. le Théologal inclusivement et de l'autre costé depuis la maison de feu Pierre Deleau, se conti-

nuera par haut en descendant dans la rue
du Noir-Lion jusques à l'hostellerie Saint-
Georges exclusivement et commence par
bas dans toute la rue Moruë et l'autre
costé de la rue du Noir-Lyon, jusques à
la moitié de la rue des Vierges inclusivement.

Et le quartier de Saint-Michel commence, sçavoir, le premier depuis la
maison du baillif Vuibert et comprendra
les rues Boutry, Sans-Bout et la moitié
de celle du Puchot jusques au rempart et
de l'autre costé depuis la maison qui fut
à Louis Le Clercq à la montagne du
Brusle jusques à la maison du sieur
Lescuyer rue Blanc Mouton inclusivement,
et encore aura le bloque devant le puit
de lad. rue du Blanc-Mouton, et le
second quartier commencera à l'esglise
Saint-Jean et continuera en comprenant
la ruellette Saint-Jean, jusques aux
remparts d'un costé et de l'autre jusques
à celle du baillif Vuibert inclusivement,
et aura de l'autre costé depuis la maison
du fossoyeur en descendant dans la ruë
des Bouchers jusques à la maison de
Pierre Lescárs en montant par la rue du
Blanc-Mouton.

Et que le faubourg de Paris marchera
devant celui de Bretaigne; lesquelles

14

marches tant des officiers que des quartiers et faubourgs seront observés à
l'advenir de point en point selon la forme
cy-dessus, après que tous lesd. officiers
ont presté serment de fidélité au Roy et à
la ville entre les mains de Monsieur le
mayeur qui commandoit pour lors pour
l'absence de Messieurs les gouverneur et
lieutenant pour le Roy et sur le réquisitoire dud. procureur en l'eschevinage,
nous avons ordonné que commission sera
délivrée à chacun officier par le sieur
Bernard que nous avons commis pour
greffier militaire de la bourgeoisie, et
attendu qu'il y a plusieurs personnes
incommodées de goutte et autres maladies
a esté ordonné qu'ils se rendront au
corps de garde de la place avec les vieillards qui seront commandés par M^e
Charles Huet.

Signé : Aubé, mayeur, — Vinchon, —
Fonchet, — Lebrethon, — V. Mayeux, et
Wallet, procureur du roy en l'eschevinage.

LUNDY 6 DÉCEMBRE 1694.

Arrest du conseil d'Etat du 14 décembre
1693 qui maintient MM. dans le privilége
de nommer aux emplois de la garde
bourgeoise, et réunit ces emplois au corps
de ville, moyennant finance, savoir : office

de colonel 600 livres, capitaines (3) 400 livres, major, 400 livres, lieutenans (4) 200 livres, et les deux sols pour livre.

Résolu que comme par le passé ces officiers seront él-ctifs, à la nomination de l'échevinage et que tous officiers même les enseignes et les sergents prêteront serment et seront installés par Messieurs

Les places vacantes par décès etc. seront remboursées aux titulaires ou héritiers par les successeurs. Il ne pourra y avoir cession qu'avec l'agrément exprès et par écrit des mayeur et eschevins.

Les officiers ne pourront assembler les bourgeois et habitans pour leur faire faire l'exercice de mousquet, fusil, et autres armes qu'avec la permission du commandant et de Messieurs, et au jour qui leur sera indiqué.

Même permission pour mener, conduire et commander les bourgeois et habitans aux entrée, assemblée et cérémonies publiques et quand le cas le requèrera pour le bien du service du roy.

Les quartiers de la ville et faubourgs seront divisés par MM. en douze partyes dont le colonel aura le choix et après luy les capitaines qui auront advancé la finance suivant la date de leur réception entre eux et les autres seront distribués selon l'ordre de la réception aux huit autres capitaines nommés et à nommer.

Les colonel, major, 3 capitaines, 4 lieutenans qui auront avancé la finance jouiront des exemptions de ban et arrière-ban, des droits de francs-fiefs, de logement des gens de guerre, contribution d'iceux, ustensiles, tutelle, curatelle, nomination d'icelles, commission de syndic, sequestre et autres charges publicques et marcheront tousjours avant les autres capitaines et officiers quoiqu'ils fussent nouveaux reçus.

MM. auront sur lesd. officiers la mesme inspection et authorité qu'ils avaient auparavant lesd. édit et arrest (L'édit était du mois de mars).

ESTAT ET DIVISIONS

DES COMPAGNIES ET QUARTIERS

QUY COMPOSENT LE RÉGIMENT DE MILICE DE LA BOURGEOISIE DE LA VILLE DE PÉRONNE.

---

2 AOUST 1703.

La première compagnie et quartier commencera à la maison du sieur An-

thoine Le Vasseur, marchand au coing de
la rue Saint-Jean et comprendra tout le
rang des marchands, toutte la rue des Naviages, le rang des marchands quy regarde
l'hostel-de-ville avec la moitié de la rue
du Sacq à droitte jusqu'au rampart. Son
quartier d'assemblée sera à l'antienne
maison de feu M. le marquis d'Hocquin-
court et elle sera commandée par M. Aubé,
premier capitaine et colonel de la bourgeoisie. Elle aura pour capitaine-lieutenant M. Laleau, officier au grenier à sel,
pour lieutenant le sieur Le Brethon, pour
sergents les sieurs Daniel Duchemin et
Le Moigne-Plancy, pour tambourg Simon
Delaporte.

La seconde compagnie et quartier commencera à la maison de la demoiselle
De Bonnaire inclusivement et comprendra
touttes les maisons quy seront devant
l'hostel-Dieu, celles quy sont devant le
Blocq, toutte la rue du Blanc-Mouton, le
Marché-aux-Herbes, la moitié de la rue
Saint-Jean à droitte, la moitié de la rue
des Bouchers du côté de la maison de feu
Nicolas Poulain ; la rue Claire-Fontaine
jusqu'à la maison où demeure à présent
Pierre Masse, dit Ramilliette, inclusivement ; son quartier d'assemblée sera à la
maison de M. Fonchet, procureur du roy

et elle aura pour capitaine M. Le Vasseur
l'aisné, advocat, tenant lieu de lieutenant-
colonel; pour capitaine-lieutenant M.
Jean Fursy Le Brethon, advocat; pour
lieutenant le sieur Bouteville de Borvoire,
pour sergents les sieurs François Magnier
et Mathieu Lempereur et pour tambourg
Gaspard Delacour.

La troisième compagnie et quartier
commencera à la maison où est pour
enseigne l'*Escu de France* inclusivement
et comprendra toutes les maisons de ce
costé-là quy font face à la place et à la
croix du marché au bled, les rues Soyer,
de la Poterne et du Quilliet, la moitié de
la rue Saint-Sauveur dans laquelle sont
comprises les rues du Paon, du Fort-Louis
et du Pot d'Estain avec les maisons qui
sont dans le carfour de la vieille porte
Saint-Sauveur jusqu'à la maison où pend
pour enseigne le *P couronné* exclusivement, dans laquelle demeure à présent
Claude Gillet. Son quartier d'assemblée
sera à la maison de M. de Courcelette
vis-à-vis la Croix au bled. Elle aura pour
capitaine M. Robert Bouteville; pour
lieutenant M. Postel, advocat; pour sergents les sieurs Charles Cleuet et Anthoine
Fouquet; et pour tambourg Charles
Juviré.

La quaterième compagnie et quartier commencera à la maison cy-dessus du *P couronné* et comprendra touttes les maisons quy sont des deux costés de la porte de Bretagne, toutte la rue Beaubois, les maisons quy sont dans la rue Saint-Sauveur du rang des Capucins jusque et compris la maison quy fait le coing de la rue des Cordelliers appartenant à l'abbaye du Mont-Saint-Quentin. Son quartier d'assemblée sera à la maison de M. de Robécourt, advocat du roy, et elle aura pour capitaine M Boitel ; pour lieutenant le sieur Deguéhagny ; pour sergents les sieurs Noël Brunel et François Mercier ; et pour tambourg André Drapier dit dru Moinet.

La cinquième compagnie et quartier commencera à la maison où pend pour enseigne le *Signe de la Croix* dans la rue des Cordelliers. Elle comprendra toutte ladite rue, le rang quy fait face à la maison du sieur Pincepré et à l'hostel-de-ville avec la moitié de la rue du Sacq à gauche, jusqu'au rampart. Son quartier d'assemblée sera à la maison où est à présent le bureau des traittes appartenant à M. de Frémicourt et elle aura pour capitaine M. Aubrelique, élu ; pour lieutenant le sieur Cordier ; pour sergents

les sieurs Jean Forget, père, et Michel
Delagrange; et pour tambourg Robert
Denise.

La sixième compagnie et quartier
commencera à la maison quy fait le coing
de la rue des Juifs appartenant à Pierre
Comartin, et elle comprendra touttes les
maisons quy font face au belfroid, toutte
la rue des Juifs, touttes les maisons quy
composent ce qu'on appelle le Blocq, la
rue du Gladimont, celle de Saint-Nicolas,
la Poissonnerie, la rue Saint-Georges et
finira à la maison où demeure à présent
François Pouilliart, boulanger, quy fait
le coing de lad. Poissonnerie exclusivement. Son quartier d'assemblée sera à la
maison de M. Frazier et elle aura pour
capitaine M Vinchon élu ; pour lieutenant
M. Jean-Abraham Wibert; pour sergents
les sieurs Mathieu Hache, et Robert
Bouché, l'aisné ; et pour tambourg Pierre
Dingre.

La septième compagnie et quartier
commencera à la maison de feu M. de
Gournay où demeure à présent M. de
Bussy et elle comprendra tout le Cul de
Sacq qui est derrière, les maisons qui
sont dans la rue conduisant à la porte de
Paris tant celle quy sont du costé de
Sainte-Claire que celles quy sont vis à vis

de l'autre costé en allant à la maison du sieur Deguehagny ; toutte la rue qui va à la rue Saint-Quentin-Capel en allant jusqu'à la rue des Grands Carreaux, les maisons quy sont le long de la Fontaine Saint-Fursy, toutte la rue Péronnel des deux costés jusqu'au bas de la montaigne du Brulle avec la moitié de la rue du Puchot à droitte. Son quartier d'assemblée sera à la maison dud. sieur de Bussy, et elle aura pour capitaine M. Pezé d'Aglincourt, élu ; pour lieutenant M. Levasseur, le jeune, advocat ; pour sergents les sieurs Jean Delarue et Jean Garde ; et pour tambourg Quentin Lafeuillade.

La huictième compagnie et quartier commencera à la maison qui fait le coing de la rue quy va à Saint Quentin-Capel où demeuroit deffunt Anthoine Gobet, marchand mercier et comprendra touttes les maisons de ce costé là en allant vers l'église Saint Fursy, la rue des Grands-Carreaux, le carfour des Minimes, touttes les maisons quy sont de l'austre costé de la rue quy va à lad. église Saint-Fursy en commençant à la maison de M. Rabache, élu, les maisons quy font face à lad. église, la rue des Vierges, la rue Mourue, les maisons devant le marché aux pourceaux avec la moitié de la rue

du Noir-Lion du costé de la maison de
M. le lieutenant particulier. Son quartier
d'assemblée sera à la maison de la Com-
manderie et elle aura pour capitaine M.
De Mametz, advocat; pour lieutenant
M. Bouteville, officier au grenier à
sel; pour sergents les sieurs Nicolas
Lefèvre, et Guilleaume Leblanc; et pour
tambourg Alexandre Clavier.

La neufvième compagnie et quartier
commencera à la maison quy fait le coing
de la rue allant à la Poissonnerie où
demeure led. François Pouilliart et elle
comprendra les maisons quy sont du rang
de l'Hostel-Dieu dans la rue quy va à
Saint-Fursy, celles qui sont du rang des
hostelleries du Chevalet et Saint-Claude,
jusqu'à la maison où est pour enseigne
la *Croix d'or*, la moitié de la rue du
Noir-Lion où aboutissent les derrières
desd. hostelleries Saint-Claude et Chevalet
et Hostel-Dieu jusqu'à la maison de M.
le gouverneur inclusivement avec le rang
des maisons scituées dans ladite rue quy
va à l'église Saint-Fursy du costé de l'hostel de Sailly en commençant à la maison
quy fait le coing de la rue allant aux Ursulines où demeure à présent Agisson,
mandelier, toutte la rue des Chanoines,
et le rang des maisons qu'on appelle les

petites boucheries jusqué et compris la
maison de la Maîtrise. Son quartier d'assemblée sera à la maison de M. Aubé,
appelée l'hostel de Sailly, et elle aura
pour capitaine M. Tiquet ; pour lieutenant
M. Chevrier ; pour sergents les sieurs
Charles Martin et Jean Lebrun, dit Laver-
dure ; et pour tambourg Florent Warpot.

La dixième compagnie et quartier commencera à la maison où demeure à
présent Mᵉ Huet, substitut et nottaire
royal, et elle comprendra toutte la ruellette, la moitié de la rue Saint-Jean à
gauche, les deux rangs de maisons quy
sont par-delà le pont allant au rampart,
la moitié de la rue des Bouchers à gauche
la rue appelée Boutry, le Cul de Sacq
appellé rue Sans-Bout, la moitié de la rue
Claire-Fontaine à gauche avec la moitié
à gauche de la rue du Puchot quy va au
rampart et corps de garde Saint-Michel.
Son quartier d'assemblée sera à l'antienne
maison de l'Arbalète et elle aura pour
capitaine M. Fursy Dournel ; pour lieutenant le sieur Aubrelique, médecin ; pour
sergents les sieurs Louis Barbar et
François Rousseau ; et pour tambourg
Martin Deniset.

La onzième compagnie et quartier
du faubourg de Paris comprendra touttes

les maisons dud. faubourg. Son quartier d'assemblée sera à la maison où est pour enseigne l'image Saint-Martin et elle aura pour capitaine dans les parades seulement M. Pillot, procureur du roy au grenier à sel ; pour capitaine-lieutenant dans lesd. parades le sieur Lenain ; pour lieutenant le sieur Frizon ; pour sergents les sieurs François Caudy et Jean Martin ; et pour tambourg Charles Dehaut.

La douzième compagnie et quartier du faubourg de Bretagne comprendra touttes les maisons dud. faubourg. Son quartier d'assemblée sera à la maison de M Hutellier, lieutenant criminel et elle aura pour capitaine dans les parades seullement M Huet, substitut de M. le procureur du roy et nottaire royal ; pour et comme représentant le capitaine-lieutenant dans lesd. parades le sieur Bouvet ; pour et comme représentant le lieutenant le sieur Frion de la Tour ; pour sergents les sieurs Nicolas Du Clercq et François Théry ; et pour tambourg Claude Chalvois.

Les invalides et les exemts de garde sur requeste par eux présentée à la Chambre se rendront au corps de garde de la place sous les ordres du sieur Lalou, officier, qui aura pour sergent Pierre Quignon.

Lorsque du bataillon de bourgeoisie rangé sous les armes, il sera à propos d'en faire un détachement pour la garde de la porte de Bretagne, au corps de garde des bourgeois, ce détachement sera commandé par le sieur Moislet l'aisné, officier ; et attendu que les capitaines, lieutenants et enseignes des arquebuziers-canonniers sont établis sous l'authorité, puissance et protection de la ville, il est ordonné que lors des parades du régiment de bourgeoisie, ils prendront leur rang après les officiers en charge quy ont achepté et se mesleront avec les autres officiers de bourgeoisie à prendre leur-dit rang du jour qu'ils ont esté nommés par les chevalliers du jardin de l'Arquebuze, officiers dudit jardin, après néanmoins qu'ils auront presté serment de fidélité au roy et à la ville comme capitaines, lieutenants et enseignes des canoniers entre les mains de Messieurs de la ville.

LISTE GÉNÉRALE DES HABITANTS

DE LA VILLE, FAUXBOURGS ET BANLIEUE DE CETTE
VILLE, QUI JOUISSENT DE L'EXEMPTION DE LA
GARDE BOURGEOISE ET DU LOGEMENT DES GENS
DE GUERRE, ARRESTÉE PAR Mgr L'INTENDANT A
AMIENS LE 14 COURANT, ET ENREGISTRÉE POUR
SERVIR DE RÈGLE A L'AVENIR.

MERCREDY 21 JANVIER 1733..

MM.	
Les lieutenants général, criminel, particulier et assesseur criminel au b^{age}.	Exempts par rapport à leurs offices.
Six conseillers au baillage (1).	Jouissent de l'exemption comme membres du 1er corps de judicature.
Les advocat et procureur du Roy au b^{age}.	Exempts par rapport à leurs offices..
Les président, lieutenant, cinq conseillers, procureur du Roy et greffier de l'élection.	Jouissans de l'exemption en vertu d'un arrest sur requête du 2 aoust 1723.
Les président, deux conseillers, le procureur du Roy et greffier du grenier à sel.	Jouissent de l'exemption en vertu d'un arrest du Conseil du 2 février 1723.
Les président, procureur du Roy et greffier des traites.	Jouissent de l'exemption comme les officiers cy-dessus.
Le greffier en chef du baillage.	Exempt à cause de son office dont la première finance excède 10,000 liv.

(1). En règle ne sont point exempts.

Le greffier de la subdélégation.	Jouit de l'exemption.
Le greffier militaire par com^{on} (1).	Prétend jouir de l'exemption.
Vingt-quatre portefaix.	Jouissent de l'exemption à cause des différentes corvées auxquelles ils sont obligés pour le service du Roy et de la ville soit à l'occasion du logement des troupes et du port des ordres pour les convois dans la banlieue, soit à l'occasion de l'exercice de la police et du service en cas d'incendie et autres rencontres.
Le brigadier et quatre cavalliers de la maréchaussée.	Exempts comme estant au service du Roy.
Six sergens de l'hostel-de-ville.	Exempts comme estant sujets à touttes les corvées qu'exige le service du Roy et de la ville.
Huit gardes de M. le gouverneur de la ville.	Exempts par leur service.
Le médecin de l'Hostel-Dieu.	Exempt.
Les concierges des trois jardins de l'Arquebuze, de l'Arc, et de l'Arbalète (2).	Idem, comme domestiques.
Les six canonniers boutte-feux (3).	Exempts comme estans au service du Roy, sans rétribution.

(1) Néant.

(2) Néant, jusqu'à ce qu'ils aient justifié de leurs titres ; celuy de l'Arquebuze exempt par ordonnance de l'Intendant.

(3) Assujettis par ordonnance du 9 septembre 1733. Les arquebuziers exempts par six à tour de rôle.

Bouze tambourgs, un tambourg-major et un fifre.	Exempts comme estans sujets à diverses corvées, entr'autres à faire les publications des édits, arrests, déclarations du Roy, ordonnances de l'Intendant et celles des mayeur et eschevins, à battre la caisse chaque jour à la garde montante et aux fermetures des portes, et autres de pareille nature, sans rétribution.
Le changeur du Roy (1).	Exempt, suivant l'édit de création de son office.
Le valet de l'hostel-de-ville.	Exempt, attendu son service actuel et journalier.
Quatre guetteurs du belfroid.	Exempts, attendu leurs services de jour et de nuit.
Quatre couriers de la poste aux lettres.	Idem.
Un colonel, un major et trois capitaines de la milice bourgeoise.	Jouissent de l'exemption comme n'ayant point de gages pour leurs finances, en vertu de deux ordonnances de l'Intendant des 22 novembre 1721 et 17 juin 1729.
Deux commis des aydes à cheval et deux commis aux exercices desd. aydes pour la ville.	Exempts par leurs employs.
Le directeur des postes et trésorier de l'extraordinaire des guerres.	Idem.
L'ingénieur en chef.	Idem.
Le subdélégué de l'Intendant.	Exempt par sa com^{on}.

_____

(1) Pour la maison qu'il occupe seulement. (Ordonnance du 2 octobre 1733).

Le substitut des procureurs du Roy des siéges des eslection et grenier à sel.	Prétend jouir de l'exemption à la faveur des arrests obtenus par les eslection et grenier à sel.
Trois maistres d'escolles.	Jouissent par leur estat.
L'advocat et procureur du Roy des siéges de police et de l'hostel-de-ville.	Exempt par ses offices.
Celuy qui recommande les âmes des trépassés.	Jouit de l'exemption par rapport à ses fonctions.
Deux sages-femmes dans la ville.	Idem.
Le chasse-gueux.	Idem.
La personne qui loge le prédicateur de l'Avent, du Caresme et de l'octave du Saint-Sacrement.	Jouit de l'exemption par délibération de l'hostel-de-ville à cause de l'embarras qu'elle en reçoit.
Un commissaire d'artillerie.	Exempt.
Les directeur et receveur des aydes.	Idem.
Le commis du directeur des postes et de l'extraordinaire des guerres.	Jouit de l'exemption, attendu sa commission.
Le receveur des consignations.	Exempt par son office (ordonnance 2 octobre 1733).
Le receveur du grenier à sel.	Exempt par son employ.
Les anciens mayeurs.	Exempts par bienséance.
Le capitaine de la compagnie des arquebuziers.	Jouit de l'exemption en faveur de son titre.
Le directeur du tabac.	Exempt par son employ.
Le garde d'artillerie.	Idem.
Le médecin de la Charité.	Exempt par ordonnance de M. l'Intendant comme médecin des pauvres de la Charité.
Deux postillons au service de la poste aux chevaux.	Exempts par leur estat.
Le receveur des tailles.	Exempt par son office.
Un commis dud. receveur (1).	Prétend jouir de l'exemption.

(1) Néant.

15

Un garde de M. le duc d'Elbeuf.	Exempt pour son service.
Le maistre de la poste.	Exempt par son estat.
Le médecin–major (1).	Jouit de l'exemption d'une lettre de M. Leblanc, ministre de la guerre, du 6 novembre 1720.
L'huissier–aud^r de l'hostel-de-ville.	Jouit de l'exemption par son office.
L'advocat et le procureur de l'hostel-de-ville.	Jouissent de l'exemption comme n'ayant point d'honoraires ny. de sallaires dans les délibérations, mémoires et examens de pièces aussy bien que dans les affaires où l'hostel-de-ville succombe.
Le controlleur général des fermes.	Exempt par son employ.
Le controlleur des actes des nottaires.	Idem.
Le geollier des prisons royaux.	Exempt par son estat.
Le greffier en chef de police et de l'hostel-de ville.	Exempt par ses offices.
La vefve de l'advocat et procureur du Roy de police et de l'hostel-de-ville.	Jouit de l'exemption comme vefve de procureur du Roy déceddé en charge.
Le receveur des francs–fiefs.	Exempt par sa com^{on}.
Le chirurgien de l'Hostel-Dieu.	Idem.
Le lieutenant de la maîtrise des eaux–et–forêts.	Jouit de l'exemption à la faveur de sa com^{on}.
La vefve du receveur des tailles.	Jouit de l'exemption.
Le débitant du papier timbré (2).	Jouit à la faveur de sa com^{on}.

(1) Néant.

(2) Néant.

Le secrétaire de M. le gouverneur de la ville (1).	Idem.
Le lieutenant du premier chirurgien du Roy.	Idem, par son office.
Les deux guetteurs des portes de la ville.	Exempts pour leurs services.
Les sergens des deux fauxbourgs.	Idem, pour leurs services journaliers.
Les sages-femmes des deux fauxbourgs.	Exempt pour services journaliers.
Les tambourgs des deux fauxbourgs.	Idem.
Les capitaines et lieutenans des deux fauxbourgs.	Exempts par leur com^{on}.
Les receveur, controlleur et visitteur de la douane.	Exempts par leurs emplois.
Un commis du bureau des Aydes pour les droits d'entrées dans chaque faubourg.	Idem.
Le commis à la recette des droits d'afforage des vins.	Idem.
Le directeur des carrosses.	Idem.
Les lieutenant de Roy, major, aide-major de la place et celuy du faubourg de Bretagne.	Exempts.
Neuf personnes nobles n'estans point dans le service.	Jouissent de l'exemption à la faveur de leur noblesse.
Trente-quatre chanoines de Saint-Fursy et de Saint-Léger, cinq curés, plusieurs chapelains, neuf à dix prestres habitués des paroisses, quinze musiciens et chantres, deux organistes, et huit communautés religieuses.	Exempts par leur estat.

(1) Justifiera de son titre.

Un ancien lieutenant-colonel, actuellement colonel de la milice, et deux vefves d'officiers militaires.	Exempts.
Le commandant du château.	Exempt.
Un officier chez le Roy, un officier chez M. le duc d'Orléans et une vefve de lieutenant des gardes du corps de feu M. le Régent.	Exempts par leurs charges.
Un Suisse de nation et divers employés dans les fermes.	Exempts par leurs estats.
Un trompette de la gendarmerie.	Idem.
Un coutellier et un libraire.	Exempts comme uniques dans leurs professions.
Un grand nombre de pauvres, de septuagénaires et d'infirmes.	Jouissent par leur estat.
Les fermiers et laboureurs de la banlieuë.	Idem, attendu qu'ils sont sujets aux convois, lors du passage des troupes, et autres corvées.
Le mayeur, le lieutenant, les deux fourriers et l'argentier sortans de charge.	Jouissent de l'exemption, l'année qui suit leur exercice.

VENDREDY 21 JUIN 1675.

Défenses aux merciers de débiter leurs marchandises avec des poids de plomb, mais avec des poids de cuivre flétris aux marques de la ville, à peine de 10 livres d'amende. Défenses aux potiers d'étain de vendre aucuns pots qu'ils ne soient marqués aux marques de la ville et aux vendeurs de vins de se servir desd. pots non marqués pour mesurer leursd. vins.

VENDREDY 15 JUILLET 1678.

Deffense aux chirurgiens de faire les barbes les dimanches et fêtes et aux marchands de vendre lesdits jours En cas de contravention, pour la première fois 10 livres d'amende, en cas de récidive 50 livres.

MERCREDY 19 OCTOBRE 1685.

Défenses sont réitérées aux chirurgiens de faire le poil les dimanches et fêtes pendant l'office divin, soit en boutique, ou à domicile, et absolument durant toute la journée les jours de Pâques, Pentecôte, Assomption, Toussaint, Noël, nostre patron Saint-Fursy en janvier, et Saint-Cosme leur patron, à peine de 10 livres d'amende.

VENDREDY 13 JUIN 1687.

Pour rétablir l'ordre dans les maireries comme cela se passe dans toutes les villes bien policées, MM. ont établi le règlement qui suit. Seront inscrits en conséquence :

1° *Dans la mairerie du vin :* MM. du bailliage et de l'eslection, MM. les advocats, procureurs, greffiers, sergens, bourgeois rentiers, médecins, les vendans vins

en gros et en détail, les courtiers de vin,
encaveurs de vin et tonneliers vinaigriers.

2° *Mairerie du pain* : Boulengers, mus-
niers, marchands de bled, mesureurs de
bled, porteurs de bled, cuisiniers, patissiers, mesme les cuisiniers patissiers
vendans vins qui n'ont maison à porte
cochère, les chaircuitiers, les brasseurs
de bière, les vendans bière en détail, les
laboureurs et bergers demeurant dans les
faubourgs, avec les habitans des villages
d'Haleigne, Mont-Saint-Quentin, Filau-
court, le Vivier et les censiers de Memont,
Esterpineux et Bayencourt.

3° *Mairerie des marchands* : Marchands
drapiers, chausseliers, marchands de soye,
lingers, guêtriers, passementiers, maistres bonnetiers, tappissiers, courtpoin-
tiers, joaliers, marchands merciers gros-
siers, gressiers, ciriers, quincailliers,
maistres chandeliers, espiciers, maistres
ferronniers, maistres cloutiers, orphèvres,
maistres appotiquaires, maistres chirurgiens barbiers perruquiers, marchands
de toiles et toilettes en gros, musquiniers,
brodeurs, peintres, tailleurs d'images et
chappeliers.

4° *Mairerie du cuir* : Marchands tanneurs, corroyeurs, cordonniers, chavetiers,
foureurs, gantiers, bouchers, bourreliers,

scelliers, garçons tanneurs, garçons cordoiniers et garçons bouchers.

5° *Mairerie des meslés* : Tailleurs d'habits, venniers, manneliers, tourneurs, natiers, joueurs d'instruments, les maistres paulmiers, serruriers, armuriers, forbiseurs, éperonniers, tallandiers, cousteliers, remouleurs, chaudronniers, mareschaux, maistres potiers d'estain, plombiers, vitriers, marchands briquetiers, chaufourniers, massons, maistres paveurs, tailleurs de grez et de pierres, couvreurs, pailoteurs de maisons, platriers, menuisiers, charpentiers, charrons, tisserants en toile, cordiers, garçons tisserants et les mennouvriers avec les habitans du village de Douen.

6° *Maireric de l'eau :* Marchands poissonniers d'eau douce en gros et en détail, chasse-marée et les mennouvriers demeurant dans le faubourg de Soibotécluze avec les habitans des villages des Biache, Sainte-Ragdegonde, Halle, Flamicourt et censiers de Bazincourt et Vergauguet.

RÈGLEMENT POUR LA MANUFACTURE

ET COMMERCE DES TOILLES

QUI SE DÉBITENT DANS CETTE VILLE.

---

25 OCTOBRE 1694.

1^{ent}. — Nous enjoignons aux marchands, courtiers de toile et musquiniers tant de cette ville que des lieux circonvoisins, de garder les jours de dimanches et festes, leur faisant deffences d'aschepter, et d'exposer en vente aucune toille et toillette lesd. jours de dimanche et de feste à peine de confiscation des marchandises, de cinquante livres d'amende pour la première fois et de plus grande en cas de rescidive.

2. — Deffendons à tous marchands tant de cette ville que forains d'aschepter et aux courtiers d'exposer en vente aucune toille et toillette qu'aux heures de tour et en public qui seront tous les jours de la sepmaine sauf le lundy et ce à commencer depuis la Saint-Remy jusque à Pasques à neuf heures du matin jusque au soir, et depuis Pasques jusque à la Saint-Remy à huit heures du matin

jusque au soir, et ce à peine de vingt
livres d'amende pour la première fois.

3. — Ordonnons en outre conformément
aux règlements anciens que les marchands
foirains ne pourront aschepter toilles et
toillettes que dans leur hostellerie ou
bureau et ce après que tous les marchands
de cette ville auront veu lesd. toilles et
toillettes et ce, à peine de cent livres
d'amende, tant contre les marchands
forains, courtiers et autres qui contre-
viendront à cet article.

4. — Faisons très expresses deffences
aux courtiers, musquiniers et autres de
vendre toiles, toillettes et cravattes tant
aux marchands de cette ville qu'autres
que dans les maisons, boutiques ou
bureaux desd. marchands aux jours et
heures cy-dessus à peine de dix livres
d'amende et de confiscation des marchandises.

5. — Deffendons aux courtiers, musquiniers tant de cette ville qu'autres de
porter au tour et exposer en vente aucunes
toilles, toillettes et cravattes, et autres
marchandises de cette sorte et aux marchands d'en aschepter qu'elles ne soient
marquées de la marque de la ville à peine
contre les marchands de vingt-cinq
livres d'amende pour la première fois et

contre le courtier de cinquante livres et
contre les musquiniers de confiscation de
la toil e et de dix livres d'amende.

6. — Deffendons aux courtiers de
marquer toilles, toillettes, cravattes et
autres, mesmes les rots qu'elles n'ayent
les longueurs, largeurs, sçavoir : les
baptistes de quinze aulnes de long sans
poulce et des deux tiers de large pleins,
les picardyes unies et rayées, baptistes et
claires en couleur de quatorze aulnes et
demy de longueur, sans poulce et large
de trois quarts pleins et les toilles en
cravattes de quinze aulnes de largeur
sans poulce et large de trois quarts pleins
et les cravattes de demy aulne de large
aussy de quinze aulnes de longueur sauf
à augmenter ou diminuer suivant les
modes à peine de dix livres d'amende
pour la première fois.

7. — Pour éviter aux abus, deffendons à
tous courtiers et autres de plier lesd.
toilettes à l'advantage tant les ordinaires
que les larges et de cacher aucuns plis,
enjoignons de les plier d'une manière
qu'on puisse facilem nt connoistre de
leur longueur et largeur à peine contre
les contrevenants de dix livres d'amende.

8. — Seront lesd. toilles pliées, savoir :
les batistes fortes et cravattes sur cinquante

plis et égaux, et les picardyes sur qua-
rante-cinq plis aussy égaux, à peine de
dix livres d'amende contre chacun contrevenant pour la première fois.

9 — Touttes les toilles qui seront
trouvé défectueuses pour n'estre de longueur et largéur requises suivant les
articles cy-dessus, seront coupées par le
milieu. Recevra néantmoins led. courtier
un sol pour la peine sauf à faire droit
contre les musquiniers pour la contravention à l'ordonnance, et aura led.
courtier la moitié de l'amende qui sera
prononcée contre lesdits musquiniers.

10. — Deffendons très expressément
ausd. coultiers, de marquer à l'advenir
aucunes toilles de telle nature et qualité
qu'elles soient sur les lez pour telle cause
que ce soit, mais à eux enjoint d'observer
exactement le contenu en l'article précédent à peine de vingt livres d'amende
pour la première fois et de plus grande
en cas de récidive, ordonnons que lorsque
la toille aura une fleme elle ne sera
marquée que par un bout, et lorsqu'elle
n'en aura pas, qu'elle sera marquée par
les deux bouts.

11. — Demeurera led. courtier et mar-
queur garands des deffaults qui se trouveront aux longueurs et largeurs desd.

toilles qu'il aura marqué, luy enjoignons de se servi de la marque de la ville qui luy a esté mise ès-mains contenant un P couronné au milieu de trois fleurs de lys à l'entour de laquelle est escript ce mot : *Péronne*, et de marquer lesd. toilles, en sorte que ladite marque y soit bien imprimée et puisse estre facillement connue, à peine de dix livres d'amende et des dommages et intérests des partyes.

12 — Deffendons à tous musquiniers de cette ville et villages circonvoisins de se servir de rots qui n'ayent esté mesuré et estallonné à la ville aussy bien que les hordoirs à peine de cent sols d'amende pour la première fois et de plus grande en cas de rescidive.

13. — Deffendons à tous rotiers de cette ville ou de dehors d'exposer en vente aucun rot qu'il n'ayt esté jaugé et marqué de la marque de la ville sous peine de cent sols d'amende et de confiscation desdits rots.

14 — Deffendons à touttes personnes autres que lesd. courtiers d'exposer en vente toilletes à peines de confiscation et de dix livres d'amende, applicable un tiers de ladite amende au dénonciateur.

15 — Pourront lesd. courtiers et marqueurs se transporter au bureau, boutiques

des marchands, musquiniers et autres
pour connoistre des abus à la marque et
ce, après avoir eu nostre permission qui
ne leur sera accordé que lorsqu'ils arti-
culleront fraude et seront obligés de se
faire assister du procureur du roy en
l'eschevinage et de deux sergens et en
cas qu'il ne se trouve aucune fraude
seront lesd courtiers et marqueurs con-
damnés en quarante livres d'amende dont
sera donné moitié à celuy chez quy aura
esté fait lad. visite pour les dommages et
intérests et en cas qu'il se trouve des
toilles non marquées en sera dressé
procès-verbal et lesd. toillettes saisies
pour sur le tout estre ordonné suivant les
réglements ci-dessus.

16. — Les hourdoirs des musquiniers
seront marqués comme cy dessus et porteront depuis la fourchette d'en bas jusqu'à la
dernière cheville seize aulnes et pour
connoistre des contraventions sera fait
visitte chez les musquiniers au moins une
fois l'an, outre les visittes qui se font par
les égards du métier des musquiniers

17. — Faisons deffenses à tous musquiniers de se servir d'hourdoirs et d'en
avoir chés eux à l'advenir quy ayent
plus longue ou plus courte portée que
cy-dessus et de s'en servir qu'ils n'ayent

esté jaugé et marqué à la ville, à peine
de dix livres d'amende et de confiscation.

18. — Faisons très expresses deffenses
auxdits coultiers d'aschepter pour leur
comptes ou de leurs associés aucunes
toillettes sur peine de cinquante livres
d'amende pour la première fois dont
moitié sera donnée au dénonciateur, à
l'effet de quoy nous ordonnons qu'auparavant que lesd. courtiers se mettront en
jouissance de leur ferme suivant l'adju-
dication qui leur en a esté faitte ils
seront obligés de comparoistre pardevant
nous et de faire comparoistre leurs commis
et autres qui se mesieront dud coultage
pour prester serment de se fidellement
comporter dans laditte fonction et de
n'aschepter directement ny indirectement
tant pour leur compte que pour leurs
associés parens et amis toillettes et
n'auront aucunne acceptation pour personne, ains feront les choses exactement
et avec plus d'équité tant pour le bien
des musquiniers que pour celuy des
marchands.

— Publication et affichage ordonnés.

LUNDY 30 AVRIL 1731.

MM. s'estant fait représenter l'arrest
du Conseil du 12 septembre 1729, concer-

nant la fabrique des toilles baptiste et
autres et y ayant remarqué que les toilles
nommé Picardie dont la fabrique est
particullier à cette ville ne se trouvent
pas compris dans led arrest et après
avoir examiné les réglemens par nous
faits en datte du 25 octobre 1694 et 13
octobre 1698 par lesquels la largeur desd.
toilles picardie se trouvent fixées du consentement des marchands à 3/4 d'aulne
plain et 14 aulnes 1/2 de longueur, et
d'autant que pour parvenir à cette
largeur, il est suffisant que les rots servant à lad. fabrique ayent trois quarts un
poulce et un tiers de poulce seulement
de longueur, MM ont ordonné de police
qu'à l'avenir les rots servant à la fabri-
cation desd. toilles picardie ne seront
que de trois quarts un poulce et un tiers
de poulce de longueur jusqu'à ce qu'autrement il en ait esté par la Cour ordonné
et seront les fabricants informés de nostre
présente ordonnance par le coultier (pré-
posé au coultage ou marque des toilles), à
l'effet de quoy coppie de la présente sera
affichée dans le bureau du coultage.

RÈGLEMENT

CONCERNANT LE SERVICE DES PORTEFAIX

——

9 JANVIER 1696.

1. — Les lundis et vendredis de chaque semaine, 9 heures du matin, et tous les autres jours d'assemblée de MM., deux portefaix devront nettoyer et tenir propres l'hostel-de-ville et la chambre du conseil et des Prudhommes, et y rester jusqu'à la levée de l'assemblée pour recevoir les ordres de MM. et y exécuter ce qui leur sera ordonné pour le service de S. M. et de la ville.

2. — Pour l'arrivée des troupes, ils seront tenus de faire trouver deux d'entre eux au premier son de la cloche du belfroid à la porte du greffe pour avertir M. le mayeur et MM. les fourriers de l'arrivée des troupes et recevoir les ordres.

3 — Ils seront tenus de pousser et relever dans les trois jours de marché de chacune sepmaine jusqu'au ruisseau les immondices qui se trouveront dans la place depuis le marché-aux-herbes, le belfroid et l'hostellerie du Blanc-Lévrier

jusqu'à l'hostel-de-ville de l'un et l'autre rang des maisons, sauf les lieux où les bleds, avoines, orges... etc., auront été vendus, et qui seront balayés par les mesureurs desd. grains.

4. — En cas d'incendie, au premier son de la cloche ou même avant, se trouver sur les lieux et y apporter tous les secours nécessaires.

5. — Ils porteront dans les corps de garde les bois, pailles, chandelles nécessaires à la troupe, et fourniront les foins et avoines aux troupes d'estappes.

6. — Porteront les ordres du roy et de la ville tant au dedans qu'au dehors de lad. ville dans l'estendue de ce gouvernement, soit pour faire venir les chariots, charettes et chevaux pour la conduite des troupes, soit pour autres causes

7. — Quand il leur sera ordonné par MM. ils serviront le canon et le mettront en tel estat et en tel lieu qu'il est jugé à propos pour le service de Sa Majesté et de la ville, transporteront les boulets, poudres, mesches et autres instruments de guerre où il sera nécessaire, chargeront et déchargeront au magasin les poudres, mesches, boulets et autres munitions, et généralement feront tous les services commandés par MM. pour le

bien public, le service de S. M. et de la ville.

SALAIRES ET RÉTRIBUTIONS

1° Pour la voie de bled, seigle, orge et navette, qui est en cette ville d'un septier et demi, et pour l'avoine de deux setiers, et pour les febves, vesches, lentillons, bizailles et hivernaches d'un septier, qui sera porté du marchez dans les premiers greniers des maisons scituées depuis la maison du sieur Dournel qui est à présent l'hostellerie du Paon d'un costé, et celle du sieur de la Marlière de Bertrancourt, faisant le coin de la rue du Sacq de l'aultre côté, jusqu'à celles qui sont jusques au belfroid de l'un et de l'autre rang, il leur sera payé douze deniers — 3 deniers en sus pour le port dans des greniers plus haut.

2° 15 deniers pour chaque voye de grains qu'ils porteront dudit marché dans les greniers des maisons scituées après celles susdittes jusqu'à l'hostellerie de la Couronne faisant le coing de la rue autrefois ditte de l'Auge et le couvent des Capucins d'une part, et jusqu'aux maisons de François Normand, mercier, l'hostellerie de Saint-Nicolas, la Poissonnerie, la rue Saint-Georges et les rues

Saint-Jean, des Bouchers et du Blanc-Mouton, d'autre part.

3° 18 deniers pour chacune voye desd. grains qu'ils porteront dans les greniers des maisons au-delà jusqu'à la porte de Bretagne d'une part, et jusqu'aux maisons scituées vis-à-vis Saint-Fursy d'autre part.

4° Et pour les maisons au-delà de Saint-Fursy jusqu'à la porte de Paris, 2 sols.

5° Dans les deux faubourgs, 2 sols 6 deniers.

6° Pour chaque voye de grains portée de la rue ou du bas des maisons dans le premier grenier et plus haut, ou redescendue d'étage, 12 deniers.

7° Les blatriers ou autres ne pourront se servir que des portefaix seuls pour monter ou descendre les grains, à peine de 30 sols d'amende et dommages-intérêts. A l'exception toutefois des fermiers qui payent leur redebvance ou de ceux qui voudront porter eux-mêmes leurs propres grains.

Si le travail est fait avant que les portefaix ne se présentent pour le faire, ils ne pourront prétendre aucun salaire.

A l'égard des grains mis en refuges pour n'avoir pas été vendus au marché,

il ne sera rien payé et les portefaix ne
pourront rien réclamer pour porter lesd.
grains en refuge ou les rapporter dans le
marché. Défense de vendre ces grains au
refuge, *mais sur le marché* où ils devront
être rapportés. On ne pourra les mettre
en refuge plus de trois fois. Après quoy
ils seront obligés de les vendre.

8° Pour le *bois*, comme de tout temps, il
sera payé aux portefaix par ceux qui vendent gros bois qui se déchargent en cette
ville et faubourgs. 4 sols par chacun chariot, 2 sols par charrette, que la vente ait
été faite sur le marché ou ailleurs. Les
portefaix devront mesurer le bois par
fesseaux ou par cordes, si bon semble
aux vendeurs et achepteurs.

La corde sera de 8 pieds de long, 4 de
largeur et 4 de hauteur.

9° Pour le *charbon*, deux sols la mande,
suivant l'usage de tout temps, et en tels
lieux qu'ils la portent.

10° *Foin* : pour décharger un chariot,
4 sols ; une charrette, 2 sols ; si le travail
est fait avant que les portefaix se présentent, il ne leur est rien dû.

*(Approuvé le lundi 5 mars par la commu-
nauté des portefaix).*

TARIF POUR LES BRASSEURS

1er MARS 1704.

Le procureur du roy représente que
depuis plus de trois mois les marchands
brasseurs de cette ville ne brassent
poinct parce qu'ils se plaignent que la
bierre a esté à un prix trop modicque et
qu'ils perdent considérablement sur chacun brassin, ce qui cause un préjudice au
public. Pourquoy nous requéroit qu'il fut
sur ce pourveu et qu'il nous pleut arrester
un tarif des grains et autres denrées qui
entrent dans chacun tonneau de bierre
de la contenance de soixante pots au
moins et d'en fixer le prix du tonneau et
du pot par débit ; sur quoy après avoir
mandé et faict venir en la chambre la
communauté desd. marchands brasseurs
et après les avoir entendus et veu un
mémoire qu'ils nous auroient donné des
grains et autres denrées quy entrent dans
la composition desd. bierres et du prix
desd. grains, nous avons sur le réquisitoire dud. procureur du roy et pour le
bien public faict et arresté le tarif ainsy
qu'il ensuit et fixé le prix du tonneau de
bierre simple, contenant comme dit est
soixante pots et le prix de chacun pot

pour estre suivi et exécuté à l'avenir dans toute sa teneur tant par lesd. marchands brasseurs que par les débitans, après nous estre faict représenter l'ancien réglement.

Premièrement :

Doit entrer dans chacun tonneau de bonne bierre simple, loyale et marchande la quantité de trois quartiers d'orge ;

Deux livres de houblon

Pour la cuisson deux fagots et deux tiers de faisseau de gros bois.

Pour la mouture du grain deux sols.

Droits d'aydes :

Par tonneau quatre livres pour muid qui faict par tonneau trente-deux sols huict deniers.

Droit de petit jaugeur : deux sols et trois deniers.

Droits de ville :

Pour tonneau 4 sols 6 deniers.

Droit de fief de Fervacque :

A monsieur de Mametz et Demonceaulx un denier.

Profit des brasseurs : 12 sols 6 deniers par tonneau.

Prix du tonneau de soixante pots au moins :

Aux bourgeois : cent dix sols ;

Prix du pot :.

En détail, deux sols, six deniers.

Bierre double aux bourgeois : douze livres la pièce, prix du pot en détail : trois sols six deniers. Lequel tarif avons arrestez en présence desd. marchands brasseurs détaillants quy ont promis sy conformer et sur la remonstrance à nous faicte par lesd détaillants qu'aucuns desd. brasseurs débitant leur bierre le donnent toujours à moindre prix que celuy par nous fixé pour les empescher de gagner leur vie et parce qu'ils ne prennent poinct de bierre chez eux à ce qu'il nous pleut y pourvoir, après avoir ouy led. procureur du roy nous avons faict deffences aux marchands brasseurs quy débitent de la bierre en détaille de la vendre à moindre prix que celuy ci-devant marqué à peine de vingt livres d'amende contre chacun contrevenant pour la première fois, et de cinquante livres pour la seconde et de plus grande s'il y eschet, auxquels marchands brasseurs avons ordonné de se conformer au présent tarif et de faire de la bonne bierre loyale et marchande et de garde, à peine de confiscation et de cinquante livres d'amende pour la première fois et de plus grande en cas de récidive. Leur faisons pareillement def-

fences de mestre aucune orvalle chaud
ny autres drogues dans leur bierre
contraires au corps humain à peine pour
la première fois de trois cent livres
d'amende et privation de leur maîtrise
en cas de récidive...

Ont signé : 16 brasseurs.

LUNDY 9 MARS 1705

« Vu que le public souffroit considérablement par le prix excessif auquel les
brasseurs et cabaretiers vendent et débittent la bierre ; remonstrant l'advocat de
la ville qu'il estoit important d'en fixer
le prix tant du tonneau que du pot, eu
égard à la diminution du prix de l'orge,
houblon et autres denrées quy entrent
dans la composition de la bierre, » a
été résolu ce qui suit :

NOUVEAU TARIF

Chacun tonneau de bonne bierre simple,
loyale et marchande doit estre composé
d'une mine d'orge quy est au prix de
17 sols, de deux livres de houblon à six
liards la livre, font 3 sols, de deux fagots
et deux tiers d'un fesseau de gros bois
montant à 11 sols, pour la mouture du
grain un sol, pour les droits des aides,
jauge et courtage 30 sols, au traittant

pour le petit jaugeur, courtier commissionnaire 2 sols 3 deniers pour la moitié de l'octroy appartenant à la ville 3 sols aux sieurs Demametz et Fervaques un denier, profit des brasseurs 12 sols 6 deniers, outre et pardessus la leveure, drogues, braises et cendres quy sont compensées avec les nourritures du valet, d'un cheval et autres frais.

Calcul fait, MM. ont arrêté et fixé le prix du tonneau de bierre simple, de bonne qualité de soixante à soixante-cinq pots vendus aux bourgeois et détaillieurs à la somme de quatre livres, pour le pot estre vendu au prix de 2 sols, par les cabaretiers et détaillieurs, et de 18 deniers par les brasseurs quy débittent à pots et à pintes.

Pour la bière double 10 livres au plus, le pot 3 sols, sauf par les brasseurs à pots et à pintes à 2 sols 3 deniers.

Amende de 10 livres contre les contrevenants, 30 livres pour récidive et 75 livres la troisième fois.

Deffense de faire entrer dans la composition de cette bière aucunes chaux, orvalles ou autres drogues contraires au corps humain à peine de confiscation des brassins et de cinquante livres d'amende, et encore d'interdiction.

L'advocat de la ville remontre en outre

que les brasseurs causent un intérêt
considérable et faisoient un grand tort
aux cabaretiers détaillieurs non-seulement
parce qu'ils vendent et débittent chez eux
par assiette ou dans des caves et maisons
empruntées, mais encore parce qu'en
vendant à pot et à pinte ils donnent
une mesure plus forte pour attirer chez
eux tous les particuliers ; à quoy MM.
voulant remédier et estant de l'intérest
public de conserver lesd. cabaretiers
détaillieurs pour le logement et l'utilité
des troupes de S M. défense est faite aux
brasseurs de vendre en détail, sinon ils
seront sujets au logement des troupes, à
eux enjoint en ce cas de se pourvoir de
lits suffisans Défense en outre d'excéder
la mesure ordinaire et de donner aucun
pardessus au-delà de lad mesure, à peine
de 75 sols d'amende pour la première
fois, 10 livres pour la deuxième et 30
livres pour la troisième fois...

LUNDY 29 JANVIER 1714.

Lecture et enregistrement de l'arrest et
lettres patentes portant homologation des
statuts de la communauté des marchands
brasseurs de cette ville.

Extrait des registres du Parlement

Veu par la Cour les lettres patentes du

Roy données à Versailles au mois de
décembre 1712 signées : Louis et sur le
reply par le roy Philipaux et scellées du
grand sceau de cire verte... obtenues par
les brasseurs de la ville de Péronne par
lesquelles pour les causes y contenues le
seigneur roy a approuvé, conservé et
authorizé les statuts et réglements que
les impétrans ont fait arrester veut qu'ils
soyent observez et exécuttez selon leur
forme et teneur pourveu qn'il n'y ait rien
de contraire aux ordonnances ny aux
coustumes des lieux et préjudiciables
aux droits du seigneur roy et à ceux de
l'autruy ainsy que plus au long est contenu esdites lettres à la Cour adressantes,
veu aussy lesd. statuts contenant seize
articles attachés sous le contre-scel d'icelles l'arrest du 23 février 1713 par lequel
avant de procéder à l'enregistrement
desd. lettres et statuts il a esté ordonné
que lesd. lettres et statuts seroient com-
muniqués au lieutenant-général de police
de Péronne et au substitut du procureur-
général du roy aud. siège pour y donner
leur avis pour ce fait et rapporté et
communiqué au procureur-général du
roy estre ordonné ce que de raison.

L'avis desd. officiers du 13 mars suivant
et la requeste présentée par lesd. impé-

trans afin d'enregistrement desd. lettres et statuts conclusions du procureur-général du roy, ouy le rapport de M⁰ Louis Devienne, conseiller, tout considéré : la Cour ordonne que lesd. lettres ensemble les statuts seront enregistrés aud. greffe de la Cour pour jouir par les impétrans de leurs effects y contenus pour être exécuttés selon leur forme et teneur à la charge que l'élection des jurez de lad. communauté et la prestation de leur serment seront faittes le lendemain du dimanche des bans et qu'il sera permis aux bourgeois de la ville et faubourgs et banlieue de Péronne de faire brasser quand bon leur semblera pour leurs consommations seulement et de se joindre plusieurs ensemble pour faire brasser s'ils le jugent à propos dans tel endroit et brasserie qu'ils voudront choisir sans estre obligez de se servir des brasseurs et encore à la charge que les apprentifs et compagnons dud. mestier seront tenus d'assister et porter des torches dudit corps de mestier avec la bannière aux processions quy se font les jours du Saint-Sacrement, de l'Assomption et le unze septembre en action de grâce à Dieu de la levée du siège de lad. ville de Péronne auxquelles processions les maistres brasseurs assisteront pareillement et y porteront la châsse et l'enseigne, ainsy qu'il s'est toujours pratiqué.

Fait à Paris, en Parlement, le sixième jour de septembre 1713. *Signé* : Louis, et collationné avec paraphe.

LETTRES PATENTES DES MARCHANDS BRASSEURS.

Louis, par la grâce de Dieu, Roy de France et de Navarre à tous présens et à venir salut :

Les brasseurs de la ville de Péronne nous ont fait remontrer que pour establir un ordre et discipline certains dans la faculté de brasser les bierres et remédier aux abus quy sy commettoient il a esté sous nostre bon plaisir de l'avis de nostre amé et féal conseiller en nos conseils Me des requestes ordinaire de nostre hostel le sieur de Bernage, intendant de justice en Picardie et à l'instar de plusieurs autres communautez de nostre royaume fait dressé, rédigé et arresté des règlements et statuts du mestier par le subdélégué du sieur intendant en lad. ville et élection de Péronne en présence des officiers de police de lad. ville le 12 mars 1710 contenant 16 articles qu'ils ont cru très nécessaires pour le bien et l'avantage du public et de leur communauté pour l'exécution desquels et prévenir les difficultez et contestations quy pourroient naistre à l'avenir à l'occasion d'iceux les exposans nous ont très humblement fait supplier leur accorder nos lettres de confirmation sur ce nécessaires.

A ces causes voulant favorablement traitter les exposans, favoriser leurs bonnes intentions, prévenir les entreprises quy pourroient estre faites dans lad. faculté de brasser et retrancher les abus et malversations et les fraudes quy sy commettent au désavantage du public, de l'avis de nostre conseil quy a veu lesd. statuts et réglemens contenant seize articles dressés et arrestés par led. sub-délégué en présence des officiers de police de lad. ville, le douze mars 1710 cy attachez sous le contre-scel de nostre chancellerie.

Nous avons de nostre grâce spécialle pleine puissance et autorité royalle approuvé, confirmé et autorisé et par ces présentes signé de nostre main approuvons, confirmons et autorisons lesd. statuts et réglements suivant et ainsy qu'ils ont esté dressez et arrestez par led. subdélégué en présence desd. officiers de police, *Voulons* et nous plaist qu'ils soyent

observez et exécutez selon leur forme et
teneur par les brasseurs, apprentifs et
compagnons dud. mestier présents et
avenir en lad. ville et faubourgs de
Péronne sans qu'il soit contrevenu ausd.
statuts et réglemens en quelque sorte et
manière que ce soit sous les peines y
portées, pourveu touttes fois qu'il n'y ait
rien de contraire à nos ordonnances ny
aux... et coustumes des lieux préjudiciables à nos droits ny à ceux d'aultruy.....
Mandons à nos amés et féaux conseillers
les gens tenant nostre cour de Parlement
à Paris, aux bailly et officiers de police
de laditte ville de Péronne et autres nos
officiers et justiciers qu'il appartiendra
que ces présentes nos lettres de confirmation de statuts ils fassent registrer
et du contenu en icelles jouir et user
selon leur forme et teneur les brasseurs
présens et à venir de lad. ville de Péronne
pleinement et paisiblement et perpétuellement cessans et faisans cesser tous troubles et empèchemens au contraire. Car tel
est nostre plaisir et affin que ce soit chose
ferme et stable à toujours nous avons
fait mettre nostre scel à ces présentes.
Donné à Versailles au mois de décembre
l'an de grâce 1712 et de nostre règne le
70ᵉ. *Signé* : LOUIS et sur le reply, Philipaux.

Registré en Parlement le 6 septembre 1713. *Signé* : Lorme. Vu : Philipaux.

STATUTS DES BRASSEURS.

Cejourd'huy douze mars 1710, en con-séquence des ordres de Monsieur de Bernage, conseiller du roy en ses conseils Mᵉ des requestes ordinaire de son hostel, intendant de justice en Picardie, Artois, Boulonnois, pays conquis et reconquis, du huict mars présent mois et an, à nous adressés se sont trouvés par-devant nous François de Paule Florimond Eudel, con-seiller du roy subdélégué de l'intendance de Picardie, ville et élection de Péronne, en nostre hostel, Mᵉ Pierre Huet, conseiller du roy, maire et lieutenant général de police en la ville. faubourgs et banlieue dud. Péronne Mᵉ François Le Grand con-seiller du roy, son procureur en la mairie et siége de police de lad. ville, ensemble Claude Ancelle l'aisné, sindic, Paul Lescrivain et Pasquier Mourette, Mᵒˢ égards de la communauté des marchands brasseurs dudit Péronne à l'effect de exa-miner conjointement avec nous sy les statuts, règlemens et ordonnances publiés en la chambre du conseil de lad. ville et siége de police de Péronne le vendredy 6 juin mil six cent quatre-vingt-un, signé :

Boitel, greffier, accordée et faite pour la
communauté des marchands brasseurs de
lad. ville, faubourgs et banlieuë ne con-
tiennent rien de contraire aux droits du
roy, à l'intérest public ny aux usages
quy se sont pratiqués de tous temps en
laditte ville, faubourgs et banlieue à ce
sujet.

Nous, après avoir examiné lesd. statuts
contenant quinze articles, estimons sous
le bon plaisir du roy, de monseigneur le
chancelier et de mondit sieur l'intendant
qu'il peut estre accordé à la communauté
des marchands brasseurs de laditte ville,
faubourgs et banlieue de Péronne, les
statuts, ordonnances et réglemens pour
servir de loix à l'avenir ainsy qu'il ensuit :

Premièrement

Les maistres brasseurs de lad. ville, faubourgs et banlieuë seront tenus de faire dire
et célébrer tous les ans en l'honneur de
Dieu et de Saint-Arnoult, leur patron,
un service solennel le dix-huict juillet,
jour et feste de ce saint, sçavoir la veille
les vespres, le jour matine messe et
vespres, le tout chanté et célébré dans
l'église des Pères Cordeliers auquel service lesd. M[es] seront tenus d'assister
après avoir esté avertys ou fait avertir

17

par le M⁰ de confrérie de la communauté à peine de dix sols d'amende au proffit de laditte communauté.

2. — Que lesd. maistres brasseurs ne pourront commencer de brasser les diman- ches et festes, charrier dans lesd. jours leurs bières ny faire autres choses con- cernant leur mestier et commerce à peine contre chacun contrevenant de dix livres d'amende applicables moitié à la ville et l'autre moitié à la communauté.

3. — Qu'à l'advenir aucun ne pourra lever brasserie ny travailler dud. mestier dans lad. ville, faubourgs et banlieuë qu'auparavant il n'ait esté apprentif sous un maistre de lad. ville ou de celle de Paris et d'Amiens durant l'espace d'un an et demy chez luy en lad. qualité ou encore deux ans chez d'autres maistres brasseurs dont ils seront tenus rapporter certifficats desd. maistres en bonne forme pour en conséquence estre proceddé à son chef-d'œuvre en présence des personnes à ce députtez par la communauté avec les deux maistres esgards jurés d'icelle communauté pourquoy faire il sera tenu d'accomoder les grains en faire le brassin de bierre soit double ou simple au choix desd. maistres pour ce fait estre proceddé à la réception de la maîtrise pardevant

les maire, eschevins, juges de police en présence de deux esgards jurez en cas qu'il en soit jugé capable et avoir réussy en son chef-d'œuvre à la charge de payer par luy pour l'aggréation la somme de soixante livres aux maistres et vingt livres pour la communauté.

4. — Que tous fils et gendres des maistres quy voudront exercer le mestier de brasseur dans lad. ville, faubourgs et banlieue dud. Péronne ne seront tenus faire que deux chefs d'œuvre à la charge de payer la somme de trente livres pour l'aggréation, dix livres pour la communauté, et à chacun égard quarante sols sans qu'ils soient tenus de faire apprentissage ny servir lesd. maistres comme il est dit au précédent article.

5. — Que tous les maistres brasseurs seront tenus de faire des bonnes bierres et à cet effect se servir de bons grains sans y mettre aucune mauvaise matière soit de la chaux ou autrement à peine de cent livres d'amende applicable pour les deux tiers à la ville et l'autre tiers au dénonciateur.

6. — Ne pourront lesd. maistres brasseurs louer maison, cave ny scellier pour y vendre et débitter de la bierre par leurs mains ou de leurs domestiques ou à leurs

proffits au préjudice des autres à peine
de cinquante livres d'amende applicables
moitié à la ville et l'autre moitié à la
communauté, mais bien en pourront
vendre et débitter chez eux tant en gros
qu'au détail au prix qu'elle sera fixée et
arrestée par les maire et eschevins, juges
de police de ladite ville et non autrement
sous pareille amende de cinquante livres
applicable comme dessus avec faculté
aussy d'en vendre et débitter dans une
seule cave outre leur maison.

7. — Après le déced d'un maistre dud.
mestier, sa veuve pourra tenir brasserie
durant son veuvage seulement et en cas
qu'elle se remarie et veulle continuer lad.
brasserie, son second mari sera tenu de
faire chef-d'œuvre ainsy que dessus et
aux mesmes charges et conditions que
fils des maistres.

8. — Tous serviteurs des brasseurs
après avoir servi les maistres en qualité
susditte par l'espace de six ans continuels
pourront parvenir à lad. maîtrise en faisant chef-d'œuvre et payant aussy les
mesmes droits que les fils et gendre des
maistres et en justiffiant des certifficats
des services chez lesd. maistres ou de l'un
d'eux.

9. — Ne pourront les vendeurs de

bierres en détail achepter ny vendre
d'autres bierres que celles quy auront
esté façonnées par les marchands dud.
mestier de la ville et faubourgs de
Péronne à peine de confiscation desd.
bierres.

10. — Sera loisible à tous bourgeois et
habitans de lad. ville, faubourgs et banlieuë excepté lesd. vendeurs de bierres en
détail, de faire brasser quand bon leur
semblera pour leurs consommations seulement et où ils jugeront à propos sans
qu'ils en puissent vendre.

11. — Pour obvier aux abus quy se
commettent quelquefois dans les débits
des bierres, les égards jurez seront tenus
d'aller de temps en temps visitter lesd.
bierres dans les maisons et brasseries de
ceux quy en font le débit pour connoistre
sy elles sont de la bonté requise attendu
qu'elles peuvent devenir gattées et alté-
rées ou autrement corrompuës depuis
avoir esté façonnées et brassées pour en
estre fait rapport par lesd. égards auxd.
maire et échevins, juges de police, afin
d'y estre pourveu; pour lesquelles visittes
les égards seront payés sur l'amende quy
sera prononcée contre ceux quy auront
falcifiez et altérez lad. bierre, laquelle
amende sera de douze livres dix sols
contre chacun contrevenant.

12. — Pour maintenir d'autant mieux
les statuts, réglemens et ordonnances
dud. mestier dans leur force et vertu et
retrancher les abus quy peuvent arriver
seront pris et eslu tous les ans deux
égards de la communauté desd. maistres
brasseurs, lesquels presteront le serment
devant lesd. maire et eschevins, juges de
police, le dimanche des bans, de bien et
fidellement garder et observer, faire garder
et observer lesd. statuts, ordonnances et
règlemens, de faire bon et fidèle rapport
de touttes les fautes et malversations quy
vienderont à leur connoissance pour y
estre fait droit; lesquels égards seront
choisis et nommés suivant l'ordre de leurs
réceptions.

13. — Afin que suivant lesd. statuts,
ordonnances et règlemens les esgards
jurez puissent librement visiter tous les
lieux où se façonnent les bierres, il sera
enjoint aux brasseurs de souffrir lesd.
esgards à faire leurs visittes avec deffences de les y troubler à peine d'amende
arbitraire.

14. — Chacun maistre dud. mestier
aura une marque particulière pour marquer les tonneaux et autres vesseaux
esquels il mettera et délivrera ses bierres
afin que l'on connoisse des malversations

de chacun desd. maistres brasseurs dans
la distribution de leurs bierres et que
personne ne puisse enlever aucuns tonneaux des maisons de ceux quy vendent
les bierres en débit à moins qu'ils ne leur
appartiennent, sous peine de vingt livres
d'amende applicables moitié à la ville et
l'autre moitié à la communauté

15. — Les apprentifs seront obligés de
donner chacun soixante sols pour l'entrée
de leur apprentissage à la communauté.

16. — Ne pouront lesd. maistres brasseurs entonner leurs bierres sans avoir
averty les maire et eschevins, juges de
police, pour faire faire l'épreuve et connoistre sy lesd. bierres sont de la bonté
et qualité requises, à peine de vingt livres
d'amende applicable à laditte ville.

Ce qui fut fait et dressé par Nous susnommés pour estre envoyé à monsieur
l'Intendant de Picardie et Artois, à
Péronne, led. jour douze mars 1710,
signé : Eudel, Huet, Legrand, Ancelle
l'aisné, sindic, Paul Lescrivain, garde
juré, Mourette, garde juré.

Ensuitte est escript :

Registré ouy le procureur général du
roy pour estre exécutez selon leur forme
et teneur, suivant et aux chárges portées
par arrest de ce jour à Paris, en Parle-

ment, le sixième jour de septembre mil
sept cent treize. *Signé :* LORME.

---

14 NOVEMBRE 1704.

La défense aux marchands de vendre
les dimanches et fêtes avoit soulevé des difficultés d'application Plusieurs particuliers prétendoient n'y estre pas compris
et d'autres se couvroient de certains
prétextes apparents pour éluder led.
règlement et continuer le mesme abus de
vendre et débiter marchandises.

L'advocat de la ville dit qu'il estoit
important de faire une loy générale, stable
et permanente, fondée sur les ordonnances des rois, pour contenir tous lesd.
marchands dans leur devoir, leur donner
lieu de sanctiffier et célébrer lesd. jours...
et les exciter à travailler pour le salut et
la gloire de Dieu...

MM. ont d'un consentement unanime...
résolu d'expliquer tous les cas auxquels
les défenses auront lieu, et les cas quy en
seront exceptés, et à cet effect de se conformer à l'exacte police établie sur ces
faits dans la ville de Paris pour servir le
présent réglement de loy générale et
maintenir chacun marchand dans le devoir qu'il doit à Dieu et à son service.

En conséquence, deffences sont premièrement faites :

A tous marchands drapiers, de soie et
laingers, cordonniers des deux espèces,
chapelliers, potiers d'étain et de terre, de
vendre ny débiter aucunes marchandises
de telle nature qu'elles soyent, à aucune
personne soit de la campagne, soit de la
ville pendant les jours de dimanches et
festes voulant que ces jours ne soient
destinés que pour le service de Dieu et
non pour faire trafic ou commerce, à
l'exception néanmoins des festes de Saint-
Fursy quy se célèbrent uniquement dans
cette ville, et quy ne sont festes du
diocèse.

En second lieu est ordonné à tous lesd.
marchands de tenir pendant lesd jours
leurs boutiques entièrement fermées sans
qu'ils puissent en ouvrir aucune planche
pour ne pas donner aux particulliers
d'entrer ché eux et y achepter marchandises.

En troisième lieu ne pouront pareillement sous quelques prétextes que ce soit
délivrer aucunes marchandises lesd jours,
soit quelles aient esté vendues et couppées
les jours ouvriers précédens pour éviter
dans la suitte aucune fraude que l'on
pouroit faire au présent réglement.

En quatrième lieu avons fait défenses aux marchands merciers, à leur égard et autres, de donner à boire pendant lesd. jours de dimanches et festes, eau-de-vie ou autres liqueurs par assiette dans leurs boutiques pour empêcher le scandalle et de vendre aucunes marchandises de merceries et espiceries pendant le service divin seulement, c'est-à-dire pendant la messe paroissiale, la prédication et les vespres et d'ouvrir aucune partie de leur boutique.

En cinquième lieu deffences en outre auxd. marchands merciers de vendre aucune chose aux merciers et autres personnes de la campagne lesd. jours entiers de dimanches et festes pour ne point rendre les jours saints des jours de vente et trafic.

En sixième lieu défenses sont aussy faites aux barbiers, boulengers, paticiers, cuisiniers, cabaretiers, chacun à leur égard, sçavoir : aux barbiers de faire la barbe, d'aller ou d'envoyer leurs garçons en ville avec leur basine ; aux boulangers de vendre pain, aux paticiers, cuisiniers, de délivrer aucune paticerie et rôtir aucunes viandes et aux cabaretiers de donner à boire dans leurs cabarets pendant led. service divin, cy-dessus expli-

qués, aux bourgeois et habitans de lad.
ville, faubourgs et banlieux, lesquels
seront tenus pendant led. temps de fermer
toutes les planches de leurs maisons et
boutiques et que les revenderesses de
fruicts et denrées seront pareillement
tenues d'observer et ne pourront mesme
exposer après led. service divin aucuns
fruicts ou denrées sur la place.

En septième lieu, défences en particulier auxd. paticiers, cuisiniers, boulengers
et cabaretiers d'exposer pendant tous
lesd. jours de dimanches et festes aucune
chose en vente par aucune planche quy
donne sur la rue pour éviter le scandal
et édifier le public par le bon ordre.

En huictième lieu, est enjoint à chacun
particulier dénommé au présent réglement de se conformer entièrement aux
articles y contenus quy les regardent et
ce, à peine de soixante-quinze sols
d'amende en cas de contravention par
chacun d'iceux pour la première fois, de
dix livres pour la seconde et de cinquante
livres pour la troisième, et de confiscation
des marchandises quy auront esté vendues à chacune fois quy demeureront en
pure perte pour le marchand, ce quy
sera exécutté nonobstant oppositions ou
appellations quelconques et sans préjudice

d'icelle s'agissant de réglement de police.
(Publication et affichage dans la chambre,
impression sur parchemin pour rester inviolable à l'avenir). *Signé* : Lalaue, Bégard,
Delannoy, Vuibert, Babilonne et Eudel.

MERCREDY 9 JUILLET 1788

L'adjudicataire du droit de sterlage
avoit demandé la résiliation de son bail à
cause de la diminution considérable du
marché, et aussi parce que les habitans
de la banlieue, ceux de Bussu, Mesnil-
Bruntel, Cartigny et Buire, qui achettent
leurs mannées toutes les semaines sur le
marché de Péronne ne vouloient rien
payer, prétendant être exempts du droit
de sterlage parce qu'ils font moudre leurs
grains au moulin de Belzaize, ce qui est
une fraude concertée entre eux et le
meunier.

Le droit de sterlage est un droit qui se
prend sur les grains, à raison d'une
certaine mesure, qui varie suivant les
titres et les lieux.

Il existoit très anciennement à Péronne
un droit de sterlage qui appartenoit au
Roy et se percevoit à son profit ; on voit
par une chartre de Philippe de Valoys de
1336 qu'en ce tems-là Fursy Lequesne
en étoit le fermier. Les maire et eschevins

de cette ville ayant fait des représen-
tations au Roy sur les exactions de ce
fermier, qui éloignoient du marché tous
les marchands et gens du pays, Philippe
de Valoys concéda aux officiers munici-
paux la justice de sterlage et autres
droits, moyennant un cens de 200 livres
par an quy se paye encore aujourd'huy.
La charte de concession n'explique pas
en quoy consiste le droit de sterlage ; on
savoit alors de quoy jouissoit Fursy
Lequesne, et de quoy il devoit jouir
d'après son bail.

Il paroit que la ville a continué de jouir
du sterlage et de plusieurs autres droits
en les affermant. Il est dit dans un tarif
arrêté en la chambre du Conseil, le 5
février 1570 qui sert encore de règle pour
la perception actuelle, art. 1er : que le
droit de sterlage consiste à prendre sur
chacun muid de blé vendu, et qui se
transporte hors la ville, un picotin de bled
(128e partie du muid) qui se doit payer
par l'acheteur et autant de tous autres
grains, comme avoine, orge, seigle, pois,
vesce, lentille, fève, oüilliette, navette et
autres grains et que le droit se doit payer
par les marchands de la ville de Péronne
qui achettent bled et autres grains et le
transportent hors de la ville pour vendre

et non point pour le grain de leur patrimoine qu'ils transportent hors de la lad.
ville; les articles suivans du tarif sont
relatifs à des droits d'entrée et d'étalage.

L'art. 13 du même tarif porte : «et sont
« tenus auxdits droits ceux des faubourgs
« et banlieue de Péronne qui étalent ordi-
« nairement en lad. ville, lesquels ne
« payent que les droits dus par chacun
« an. »

Cette disposition semble contenir une
exemption du droit de sterlage en faveur
des habitans des fauxbourgs et de la
banlieue. Les habitans de Buire jouissent
de la même exemption suivant un tarif
qui se trouve au livre rouge f° 16, verso,
dans les archives de l'hôtel-de-ville. La
possession des habitans de ces endroits de
ne point payer le droit de sterlage lève
toutes les difficultés qui pourroient s'élever
sur l'interprétation dud. titre.

A l'égard des habitans de Bussu, Mes-
nil-Bruntel et Cartigny, il n'y a aucunes
raisons qui les affranchisse du paiement
du droit de sterlage.

L'abus provient peut-être de ce que le
même bail comprend des droits de
chaussée qui se perçoivent au profit de
l'hôtel-de-ville suivant un tarif arrêté au
conseil d'Etat du Roy, le 10 juillet 1731,
et les droits de tonnelieu, sterlage et

étalage fixés et arrêtés en 1570. Ces tarifs sont imprimés en deux colonnes sur la même feuille. L'article II du premier tarif relatif aux droits de chaussée porte que « tous les sujets de la seigneurie de « Buire, qui demeurent au-dessous des « croisées de Saint-Jean de Jérusalem et « les marchandises et denrées qui sont « destinées pour cet endroit, les sujets de « la seigneurie de Cartigny ensemble les « gens nobles, les fermiers du chapitre « de Saint-Fursy, excepté ceux des cha- « pelains de lad. église seront exempts « desd. droits. »

On aura étendu cette exemption au droit de sterlage qui n'a cependant rien de commun avec le droit de travers qui a une origine bien plus ancienne, et qui enfin est une véritable propriété dans les mains des maires et eschevins, auxquels il a été concédé par Philippe de Valois, à titre onéreux.

UNE ÉLECTION MUNICIPALE

AU XVII° SIÈCLE

24 JUIN 1651.

Loy renouvellée le jour de Saint Jean-Baptiste xxiiiᵉ juin 1651, en la chambre du Conseil de la ville de Péronne en la manière accoustumée.

Pour l'eslection des preudhommes de chacune mairrie ayans esté assemblez et ayant comparus les ungs après les autres pour prester le serment.

La mairrie du vin sont comparus et presté le serment de nommer deux preudhommes gens de bien sufisans et sans reproches suivant le réquisitoire du procureur du roy en l'eschevinage et s'estans retirez ont nommé Jacques Gérin et Robert Le Caron et ont pris place.

La mairrie du pain sont aussy comparus et après serment presté ont nommé Quentin Le Saige et Hubert de Beaumont et ont pris place.

La mairrie des marchands drappiers après serment presté ont nommé Jacques Le Tellier et Quentin Ledroict et ont pris place.

La mairrie des marchands tanneurs après serment presté ont nommé Benoist Carpentier et Louis Gambert et ont pris place.

La mairrie des marchands meslez ont presté le serment et nommé Nicolas Desabre et Abraham-Nicolas Gouël et ont pris place.

La mairrie de Soibotécluze après ser-

ment presté ont nommé Pierre de Laforge
et Louis Le Ron et ont pris place.

Tous les susnommez preudhommes sur
le réquisitoire du procureur du roy en
l'eschevinage ayant presté le serment de
nommer et eslire quatre habitans gens de
bien et sans reproches pour régir et
gouverner la ville se sont retirez dans la
chambre dicte des preudhommes et ayant
conféré par ensemble et sorty ont raporté
avoir nommé M⁰ Robert Dournel, conseiller et advocat du roy maieur, M⁰
Louis Le Caron, advocat du roy en l'élection, Vincent Maryé, procureur, et Anthoine Pourcel, marchand, auquel sieur
Dournel, maieur, auroit esté donné son
billet par le greffier de la ville, et pour
advertir lesd. Le Caron, Maryé et Pourcel
leur auroit esté envoyé leur billet par un
sergent, desquelz comparans M⁰ Jean
Regnart, premier eschevin pour l'absence
de M⁰ Jean Scourion, lieutenant, auroit
pris le serment de nommer quatre autres
personnes pour régir et gouverner avec
eux la chose publicque; ce faict, ilz se sont
retirez dans ladicte chambre des preudhommes et estant sorty ont rapporté
avoir nommé M⁰ Abraham Le Brethon,
advocat, Hiérosme Dournel, controlleur au
magazin à sel, Fursy Leclerc et M.

18

Lefebvre marchandz, auxquelz comme
dessus leur auroit esté envoyé leurs
billetz par un sergent, lesquelz comparans après serment presté d'appeler encore
avec eux quatre autres personnes pour
administrer la magistrature et s'estans
retirez dans ladicte chambre d-s preudhommes et sorty ont raporté avoir
nommé Mᵉ Louis Goubet, marchand, Jean
Bédu, Pierre Ducroc et Jacques Vitte,
procureurs. Et pour les advertir leur
auroit esté envoyé leurs billetz par un
sergent de la ville, desquels comparans
ensemble des huict prénommés ledict
sieur Regnart auroit pris le serment de
nommer l'un d'entre eux pour maieur et
de donner l'ordre de marcher en publicque et s'estans retirez dans ladicte
chambre et sorty nous ont rapporté avoir
nommé pour maieur Mᵉ Robert Dournel,
Mᵉ Louis Le Caron lieutenant, Louis
Goubet, Jacques Vitte, Jean Bédu, Vincent Maryé, Pierre Ducroc, Abraham Le
Brethon, Anthoine Pourcel, Fursy Leclerc,
Hiérosme Dournel et Michel Lefebvre. Ce
faict le chappeau de roses vermeilles a
esté donné et mis ès-mains dud. sieur
Dournel, maieur, puis tant la nouvelle
qu'antienne loy sont sorty de la chambre
pour aller rendre grâces à Dieu dans

l'église de Saint-Jean, où la nouvelle a été conduicte avec tambours et delà en l'auditoire royal pour prester le serment en la manière accoustumée ce qu'ilz auroient faict pardevant monsieur le lieutenant-général suivant le réquisitoire du procureur du roy Ce faict ledict sieur Dournel a été reconduit en son logis.

Dudict jour trois heures de relevée pour la nomination des six mayeurs de mairries et de leurs lieutenans.

Mairrie du vin : Serment. Nomment Charles L'Escars, mayeur ; Charles Letemple, lieutenant. Serment.

Mairrie du pain : Louis Marchandise, mayeur ; Anthoine Lampon, lieutenant.

Marchands drappiers : Jacques Follet, mayeur et Guilleaume Roussel, lieutenant.

Marchands tanneurs : Jean Classe, mayeur ; Anthoine Lambert, lieutenant.

Marchands meslez : Hugues Gondalier, mayeur ; Nicolas Hérent, lieutenant.

Soibotécluze : François Eloy, mayeur ; Nicolas Lebrun, lieutenant.

Et enjoinct à ceulx de lad. mairrie de mettre à l'advenir sur les billetz six des plus antiens de lad mairrie pour estre preudhommes et pour estre mayeur et lieutenant.

Ce faict a esté procédé à la nomination des charges de la ville.

Jour des bans à son de cloche les portes ouvertes en la manière accoustumée.

Pour la prestation de serment des officiers, le renouvellement et eslection des esgards de chacun mestier.

Messieurs ont députté Mᵉ Abraham Lebrethon, eschevin, pour aller donner advis à Mgr le gouverneur de la nouvelle eslection du magistrat.

Le procureur du roy en l'eschevinage nous a remonstré que les quatre sergens avoient accoustumé de remettre leurs charges et leurs baguettes ensemble le garde du belfroy et les autres officiers de la ville et ensuitte de renouveller le serment.

Ensuitte de quoy les quatre sergents de la ville ont remis leurs charges et leurs baguettes et estans sorty de la chambre et rentrez ont esté continuez et admonestez d'être plus assidus à l'advenir.

Le garde du belfroy a remis aussy sa baguette et la clef du belfroy et estans sorty a esté continué à la charge d'y coucher toutes les nuictz et d'y aller de

fois à autres durant le jour pour vacquer
exactement à bien mener et gouverner
l'horloge, avec deffence de ne pas laisser
entrer aucune personne dans le belfroy
que de cognoissance et sans nostre permission, ce qu'il a promis faire.

Le capitaine et le lieutenant du faulxbourg de Soibotécluze avec le guetteur
de la porte dudict faulxbourg ont remis
les clefs et estans sorty ont esté continuez.

Le garde des clefs des chaisnes des
pilotz a aussi remis les clefs lesquelles luy
ont esté rendues après qu'il a esté admo-
nesté de ne pas ouvrir lesdictes chaisnes
de nuict sans la permission du capitaine
et pour quoy luy a esté ordonné suivant
le réquisitoire du procureur du roy en
l'eschevinage de remettre tous les soirs
et matins les clefs desd. chaisnes entre
les mains dud. capitaine dud. faulxbourg.

Le capitaine du faulxbourg de Bretagne avec le lieutenant et les deux
sergens ont remis les clefs et estans sorty
et rentrez ont esté continuez et presté
nouveau serment et à eux enjoinct de ne
plus avoir tant de familiarité avec les
officiers quy commandent dans led. faulx-
bourcg en ce qui concerne le service du

roy et de la ville. Et afin que le service
du roy et de la ville soit myeux observé
que par le passé, Messieurs ont donné le
pouvoir et l'authorité de condamner les
défaillans jusques à la somme de vingt
solz parisis d'amende laquelle il pourra
faire exécuter nonobstant opposition ou
appellation et laquelle ne pourra estre
remise sinon que par résolution de la
Chambre.

LUNDY 3 JUILLET 1651.

Le guetteur de la porte Saint-Sauveur
est comparu et a raporté la clef du corps
de garde, a esté remis et presté le nouveau
serment à la charge de nettoyer tous les
jours aux soirs sur le pont Subite et de
porter les immondices sur le rempart et
pourquoy luy sera donné au bout de l'an
6 livres.

Les quatre guetteurs du belfroid sont
aussy comparu et ont presté le nouveau
serment et iceulx admonestez de myeux
faire leur debvoir.

UNE ÉLECTION MUNICIPALE

AU XVIIIᵉ SIÈCLE

24 juin 1701.

Loy renouvelée le vendredy vingt-quatre juin mil sept cent un, jour de Saint-Jean-Baptiste, en la chambre du conseil de lad. ville de Péronne la cloche sonnante au beffroid d'icelle en la manière accoustumée et suivant l'arrêt du conseil d'Estat du vingt décembre mil six cent quatre-vingt-douze portant union au corps et communauté de lad. ville de la charge de maire perpétuel par édit du mois d'aoust 1692.

Pour l'élection des prud'hommes de chacune mairie :

La mairie du vin après serment presté a nommé Mᵉ Charles Dequand et Mᵉ Jean Tiquet ;

La mairie du pain, après serment presté, a nommé Anthoine Fouquet et Firmin Marcelin ;

La mairie des marchands, après serment presté, a nommé Mathieu Hache et Jean-Honoré Manier ;

La mairie des marchands tanneurs,

après serment presté, a nommé Eloy ...
et Pierre Vignier (ou Régnier) ;

La mairie des marchands meslez et
marchands d'eau, après serment presté,
a nommé Fursy Coquart et Anthoine
Violette ;

La mairie de Soybotécluse, après serment presté, a nommé Pasquier Eloy et
Claude Béheuret.

Tous lesquels prudhommes cy-dessus
sur le réquisitoire du procureur du roy
ayant presté le serment de choisir trois
personnes pour régir et gouverner la
ville conformément à l'arrest du conseil
d'Estat du quatre décembre 1674 et l'acte
de résolution de la chambre du conseil
de lad. ville du 4 juin 1675 portant que
les eschevins quy seront eslu quoy qu'ils
ayent fait charge la dernière année qu'ils
ont été nommé eschevins pourront encor
estre nommés à des nouvelles charges
après quoy lesd. prud'hommes ils sont
entrés en la chambre des prud'hommes
joignant celle du Conseil et après avoir
conféré par ensemble ils sont sortis et
nous ont rapporté qu'ils avoient nommé
et constitué Mᵉ Anthoine Frazier, conseiller du roy, lieutenant particulier,
assesseur au criminel du bailliage de
Péronne, Mᵉ Charles de Lamarlière, con-

seillier aud. bailliage et M⁰ Claude Chanlatte le jeune, bourgeois aud. Péronne et
estant comparu et après avoir presté le
serment ès-mains de M⁰ Pierre Huet,
lieutenant de lad. ville de se fidellement
comporter dans l'élection de deux autres
échevins pour gouverner et régir lad.
ville, conjointement avec eux ils sont
entré dans lad chambre des prudhommes
et après avoir conféré par ensemble ils en
sont sortis et ont rapporté qu'ils avoient
nommé M⁰ François Martine cy-devant
controolleur en tiltre d'office des exploits
des nottaires de lad. vilie et M⁰ Laurent
Bouteville, controlleur au grenier à sel
dud. Péronne, les billiets desquels auroient esté donnés par le greffier de lad.
ville aux sergents pour les aller avertir
de leur nomination, et estant comparus
et après avoir presté le serment entre les
mains dud. sieur Huet de nommer deux
autres personnes pour gouverner lad.
ville avec eux ils sont rentrés dans lad.
chambre des prud'hommes et après avoir
conféré par ensemble ils ont rapporté
qu'ils avoient nommé M⁰ Pierre Prévost,
médecin, M⁰ Claude Debeaumont, nottaire
et procureur au bailliage dud. Péronne
et estant comparu ils sont tous rentrés
dans lad. chambre ditte des prud'hommes

pour donner l'ordre de leur séance et marche en publique. Ils sont de rechef sortis et ont rapporté qu'ils avoient nommé pour mayeur la personne dud. sieur Frazier, led. sieur de la Marlière, lieutenant, led. sieur Martine, ledit sieur Boutteville, led. sieur Prévost, led. sieur Debeaumont et le sieur Chanlatte et après avoir presté le serment ès-mains dud. sieur Huel, lieutenant, de garder les privillèges de la ville et de faire observer les ordonnances et règlements fait par les antiens mayeurs et eschevins, le chapeau de rose que doit porter M. le mayeur en charge a esté mis ès-mains dud. sieur Frazier par Jean-Baptiste Nollet, sergent à verge de lad. ville ; après quoy accompagné de la nouvelle et antienne loix les premiers à la droitte et les seconds à la gauche, ils se sont tous acheminé en l'église de Saint-Jean-Baptiste preceddé des vingt-quatre pertusanniers et des douze tambours de la ville dont estant revenus . . . .

(Lacune d'une 1/2 page).

Dud. jour quatre heures de rellevée.

Pour la nomination des mayeurs des mairies et des lieutenans de chacune desd. mairies :

La mairie du vin après serment presté a nommé pour mayeur Me Simon Bégard et Me Louis Laffilé pour lieutenant.

La mairie du pain : mayeur, Claude-Lefèvre et François Pouilliar, lieutenant.

La mairrie des marchands : maayeur, Louis Delanchy et Abraham Prévost, lieutenant.

La mairie des marchands tanneurs : mayeur, Jean Legrand et Anthoine Lefèvre, lieutenant.

La mairie des marchands meslés : mayeur, Louis Rivière et Charles Millet, lieutenant.

La mairie de Soibotéesluse, ditte de l'eau, après serment presté, a nommé pour mayeur Joseph Fernet et Jacques Marie, lieutenant.

Ce fait, Messieurs ont proceddé à la nomination des charges ainsy qu'il ensuit :

Me Anthoine Frazier, conseillier du roy lieutenant particullier, assesseur criminel au bailliage, mayeur ;

Me Charles de la Marlière, conseillier du roy au bailliage de Péronne, lieutenant, commis aux ouvrages, à l'Hostel-Dieu aux pauvres et à Saint-Lazare ;

Me François Martine, commis aux ouvrages, à l'Hostel-Dieu et aux pauvres, et premier fourrier ;

Mᵉ Laurent Boutteville, receveur de l'Hostel-Dieu ;

Mᵉ Pierre Prévost, receveur des pauvres;

Mᵉ Claude de Beaumont, receveur de Saint-Lazarre et second fourrier ;

Mᵉ Claude Chanlatte (le jeune), argentier.

. . . .

Et le dimanche vingt-six dud mois de juin mil sept cent un, jour des bans, la cloche sonnant au beffroid en la manière accoustumée, a esté proceddé à la nomination des esgards de chacun corps ars et mestier de cette ville, faubourgs et banlieuë ainsy qu'il en suit :

Esgards des chirurgiens barbiers ;

Esgards des appotiquaires, Charles Desains ;

Esgards des marchands drapiers, Jacques Hourdé et Louis Dassonvillé ;

Esgards des marchands de soye, Anthoine Lebrethon et Louis Delanchy;

Esgards des marchands merciers, Simon Baronnet et Florent Lhomond ;

Esgards des cuisiniers paticiers, Louis Greuet et Nicolas Poulain ;

Esgards du poisson d'eau douce, Louis Lefèvre et Philippe de Lahay ;

Esgards des cordonniers, Claude Batel;

Esgards des cordonniers en viel, Grégoire Plu ;

Esgards des tanneurs, Nicolas de L'aage ;

Esgards des corroieurs, Jean Classe ;

Le marteau de la marque du cuir a esté mis ès-mains de Mᵉ Laurent Bouteville ;

Esgards des menuisiers, Robert Ravoisy et Nicolas Caron ;

Esgards des arquebuziers, Noël Brunel ;

Esgards des seruriers, Jean Bajeul et Laurent Chosque ;

Esgards des manneliers, Pierre Agisson ;

Esgards des tourneurs, Martin Hennebert ;

Esgards des boulengers, Anthoine Biffette et Anthoine Pouilliar ;

Esgards des bouchers, Estienne Merlier et Charle de Latte ;

Esgards des tallandiers, Martin Frion ;

Esgards des couvreurs, Jean Bernard et Jacques Chemin ;

Esgards des chapelliers, André Baudelot ;

Esgards des cabaretiers, Robert Canonnier et Louis Lefranc ;

Esgards des brasseurs, Claude Ancelle l'aisné et Guillaume Leblanc ;

Esgards des orphèvres, Robert Gaudron ;

Esgards des barbiers-perruquiers, Ferdinand Trouvé;

Esgards des tisserands, Anthoine Lefèvre et Nicolas Coquel;

Esgards des tonnelliers, Charle Allar;

Esgards des meulquiniers, Jacque Pequeü et Anthoine Delville, et Hangart pour l'année prochaine;

Esgards des tailleurs, François Lebel, Pierre de la Motte le jeune, Nicolas du Clercq et Jean Gurguin;

Esgards des massons, Nicolas Trouilliet et Fursy Gourdin;

Esgards des gantiers, foureurs, mégissiers, Charles Héry;

Esgards des bourliers, Nicolas Beluy;

Esgards des scelliers, Anthoine Brehon;

Esgards des maréchaux, Jean Michel;

Esgards des vitriers, Charles Séfour;

Esgards des chaudronniers, Thomas Deberly;

Esgards des charrons, Claude Frion;

Esgards des charpentiers, Aquaire de Viller et Mathias Dendefer;

Esgards des pottiers d'estin, François Quetelet;

Esgards des cordiers, Anthoine Lavenur;

Esgards des chercuittiers, Sébastien Malot et Jacque Hengard;

Esgards des palliotteurs, Jacque Marotte dit Sansoucy ;

Esgards des petits pattées, Charles Sagest et Claude de Laporte.

Ce fait, le sieur Bouvet, lieutenant du faubourg de Bretagne, estant comparu et après s'estant rettiré a esté rappellé et remis dans sa charge après avoir pretté nouveau serment au roy et à la ville.

A l'égard du sieur Hutellier, cappitaine dud. faubourg, il a esté dispensé de comparoistre et prester nouveau serment pour les causes et raisons contenuës en sa requeste qu'il a cy-devant donné à Messieurs les mayeur et eschevins.

Les sergents dud. faubourg sont aussy comparus et s'estant rettiré ont esté rapellé et remis dans leurs charges après avoir presté nouveau serment comme cy-devant.

Les cappitaine, lieutenant et sergent du faubourg de Soibotécluze sont aussy comparües et remis sur le bureau les clefs dud. faubourg et ensuitte estant sortis ont esté rappellé et remis dans leurs charges et lesd clefs mis ès-mains du sieur Lenain, cappitaine, en présence du sieur Frizon, lieutenant, par Monsieur le mayeur après qu'ils ont presté nouveau serment au roy et à la ville.

Le guetteur dud. faubourg de Soibotécluze, dit de Paris, a aussy remis sa clef
et estant sortis a esté rapellé et remis dans
sa charge après avoir presté nouveau
serment.

Le guetteur de la porte de Bretagne a
aussy remis sa clef et estant sortis a esté
rapellé et remis dans sa charge après
avoir renouvellé son serment

Les guetteurs du beffroid tant de jour
que de nuit au nombre de quatre sont
comparu et estans sortis ont esté rapellé
et remis dans leurs charges après avoir
presté nouveau serment.

Les six sergens à verge ont remis leurs
verges sur le bureau et estans sortis ont
esté rappellés et remis dans leurs charges
après avoir presté nouveau serment de
fidélité au roy et à la ville.

Le geollier et garde du beffroid a remis
sa clef sur le bureau et estans sortis a
esté rapellé et remis dans sa charge.

Les vingt-quatre porte-sacq sont aussy
comparuës et estans sortis ont esté
rapellé et remis dans leurs charges après
avoir presté nouveau serment.

Claude Duchamp, dit l'Entortille, a remis
la clef de l'hospital sur le bureau et
s'estant retiré a esté rapellé et ladille
clef à luy rendue par Monsieur le mayeur.

Pierre Laisné, commis pour l'entretien des ramparts et autres endroits publiques est aussy comparu et estant sortis a esté rapellé et remis dans sa charge après avoir renouvellé son serment.

La veuve Roullion, Magdeleine Liénard, Marie Balavoine, femme de François Ronsin et la femme de Médard Hubert, revendeuses de meubles et hardes sont finallement comparues et ont renouvellé leur serment

TABLE DES MATIÈRES

---

282 TABLE DES MATIÈRES

Pages.

Règlement sur l'inscription dans les mairies des métiers, de 1687. 219
Règlements sur la manufacture des toiles dites de Picardie (1694-1731). 222
Réglement concernant le service des portefaix, en 1696. 230
Tarifs et statuts des marchands brasseurs, de 1704 à 1714. 234
Ordonnance sur l'observation des dimanches et fêtes, de 1704. 254
Observations sur le droit de sterlage (1788). 258
Deux élections municipales sous l'ancien régime (1651-1701). 261

www.ingramcontent.com/pod-product-compliance
Lightning Source LLC
Chambersburg PA
CBHW070742270326
41927CB00010B/2072